新潮新書

為末 大
TAMESUE Dai

日本人の足を速くする

213

新潮社

協力:株式会社サニーサイドアップ.
有限会社侍

構成:矢部純一

日本人の足を速くする◆目次

序章　なぜ日本人は足が遅いのか　7
カール・ルイスになりたい　初めての敗北　侍ハードラー誕生　日本人の限界と可能性
日本人はあと0・3秒速くなる

第一章　だれでも足は速くなる　21
速くなればスポーツが変わる　コケそうになる感じが大切　サイドブレーキの解除
極意への到達　人間版ディープインパクト　日本人は「脳」で走る
スタートから飛ばす真相　カール・ルイスの強さの秘密　伊東浩司の〝お辞儀走法〟
末續慎吾に受け継がれる前傾姿勢

第二章　速くなるトレーニング　47
上り坂より下り坂　剣道と相撲で速くなる　一本の棒になる
王貞治の究極トレーニング　トイレでできる特訓　猫背の人は速い
「アゴを上げるな」はホント？　新庄の体型、イチローの走法
中田英寿が倒れなかったワケ　目標は「ロナウジーニョの下っ腹」　創り出すトレーニングへ

第三章　勝てない人と勝てる人　*71*

速い人が勝てるとは限らない　「平常心」は無理難題　主役はいつも自分自身
テンションの貯金　リスクを覚悟して攻める　レース中は脳を使わない
勝負ごとに〝謙遜〟は不要　勝てるメンタリティ　アフリカンでもチキンはチキン
まず動いてから考える

第四章　ハードルの上で休む　*93*

ハードルへの直感　ハードルは日本人向き　『炎のランナー』のハードラー　日本のビッグ3
元祖〝侍ハードラー〟　王道100mへの未練　専任コーチ不在の理由
「速く」ではなく「滑らかに」　〝チーター走法〟から〝ハイハイ走法〟まで
〝ハードルなぎ倒し男〟への共感

第五章　13歩を究める　*119*

〝失速型〟のレース戦術　利き足と支え足　カーブの5台が勝負を決める
1台目は必ずトップで　センスが表れる〝危機管理〟　生涯唯一の転倒は9台目
400mを300mに　五輪の教訓　練習を休む勇気
ピーキングは陸上競技の最重要ファクター　北島康介と同じ地で高地トレに挑戦

第六章　銅から金へ　143
ハードル封印3つの狙い　200mのタイムを0・26秒短縮　心身のリセットに成功
自信があったエドモントン　銅メダルの翌日にグランプリ出発　「獲れてしまった」銅メダル
スランプの理由　一発では終わらない一発屋　ヘルシンキ直前の「超回復」
バックストレートの〝神風〟　涙のウイニングラン　本気で狙う金メダル
第七章　もっと陸上を！　171
ビル清掃マンからベンツ生活へ　メダリストになると待遇が違う　二人の支援者との出会い
経済的対価と社会的評価　「陸上」の新しいネーミングを　欧州の名物競技場
プロ陸上選手の恍惚と憂鬱　目指すは「論理的なエンターテイナー」
大阪で、北京で「金」を！

序章　なぜ日本人は足が遅いのか

カール・ルイスになりたい

人よりも速く走りたい。

昨日の自分より速くなりたい。

それだけを考えて、ずっと生きてきました。

それだけが自分の拠り所だったのかもしれません。ほかにはどこといって特別な才能のない私が、胸を張り、誇りを持って生きるためには、

「速く走ることなら、だれにも負けない」

という自負を持ち続けることが必要だったのです。

小学生の頃から、駆けっこで負けた覚えがありません。学校の運動会でも、姉と一緒

に入った近所の陸上クラブでも、走ることにかけてはいつも一番でした。グラウンドに白線で引かれたレーンの中こそが、私の生きる場所でした。そこで力いっぱい走ってさえいれば、サクセス・ストーリーが待っているに違いない……、私はそう確信していました。

その確信が生まれたのは、1991年に東京で開催された世界陸上競技選手権をテレビで見てからだったと思います。この大会では、30歳になっていたカール・ルイス（米国）が100mを9秒86の世界新記録で駆け抜けました。

彼は、1997年に引退するまでに、4度のオリンピックで9個の金メダルを、世界陸上では3大会で8個の金メダルを獲得していますが、そのうち、100mでの金メダルは5個。その100mでの最後の金メダルが、東京大会でのものでした。

「世界一速い男」を決める100mは、何と言っても陸上競技のメインイベントです。世紀のビッグスター、カール・ルイスが、自身のベストパフォーマンスで世界記録を叩き出し、文字通り「世界一」になった瞬間を、広島県の中学1年生だった私は感動しながら見ていました。おそらくこのとき、私の脳には、テレビの画面にクローズアップされるカール・ルイスの姿が、「サクセス・ストーリー」のイメージとしてインプットされたのです。

カール・ルイスのように速くなる。

金メダルを獲る。

世界的に有名な人になる。

それが私の目標になりました。

初めての敗北

生来、私には誇大妄想癖があるのか、今でもさまざまな局面で自分の根拠なき自信に驚くことがあります。それに、井の中の蛙《かわず》大海を知らず、〝カール・ルイス計画〟は田舎の中学生が描いた夢物語ですから、微笑ましいものだと、ここは笑って許してください。

また、当時の感触としては、決して誇大妄想とも言い切れないものがあったのです。

私は〝かけっこの神童〟でした。

小学校4年のとき、広島県大会の100mで優勝した私は、中学に進むと陸上部に所属し、3年生の時に100mと200mで中学生日本一になりました。このとき200mで記録した21秒36は、現在も中学日本記録。そして、このタイムは、後でわかったことには、カール・ルイスが同じ年齢のときにマークしたものよりも速かったのです。

けれども、私は、残念ながら「カール・ルイス」になることはできませんでした。そこから伸びなかったのです。早熟だった私の体は、中3時に、身長170cm、体重65kgで、現在もこの数字はほとんど変わりません。つまり、15歳にしてすでに、私の体はピークを迎えていたわけです。

高校に進学してからは、伸び悩む私と、伸び盛りのライバルたちとの差は、じりじりと縮まっていきました。こんなはずじゃないと、焦りました。だれにも負けたことがなかっただけに、私は負けることを心底恐れました。

「だれよりも速く走れる」という唯一の自負を失ってしまったら、何を拠り所に、何を目指して生きていったらいいのでしょう。

トラックで負けることは、自分の全人格を否定されることのように思えたのです。

私は追い詰められ、そして、ついにその日がやって来ました。

高校3年のときです。県大会の200m決勝で、2年生の選手に私は負けました。走ることで初めて負けたのです。

初めて味わう敗戦のショック。もう伸びしろのない自分に突きつけられた「限界」の二文字。〝カール・ルイス計画〟の崩壊……。

『巨人の星』なら、トラックにうずくまり、頭を抱えて、「父ちゃん！」と号泣するところでしょう。あるいは、体操着の下から〝金メダリスト養成ギプス〟が現れて、主人公タメスエの真の敗因が明らかになるかもしれません。

もちろん、現実にはそんな劇的なことは起こらず、私は内心のショックを必死で押し隠しながら競技場を後にし、後日、短距離を捨てて、他の種目に活路を見出すことを決めました。子供の頃から長距離走も得意で、短距離のレースも後半に伸びるスピード持久型でした。持久力とスピードを維持する能力が要求される400mランナーに転身しようと考えたのです。

侍ハードラー誕生

もちろん挫折感はありました。しかし、打ちひしがれたりくよくよしたりしているヒマなどなかった、という感じです。とにかく、トラックで負けることだけは絶対に受け入れられなかったのです。１００ｍ、２００ｍの短距離でこれから先、見通しが暗いのなら、違う種目でもいいから、人よりも速く走らなければならない。それが自分なりのプライドでした。

高校3年のインターハイで私は４００ｍにエントリーし、首尾よく優勝することができました。そしてその後に行なわれた世界ジュニア選手権では4位に入賞しました。この距離では、まだ私のポテンシャルには貯金があるようでした。

とはいえ、早熟型の宿命で、いずれは追いつかれ追い抜かれてしまう恐れは、１００ｍと同様にあるわけで、私はその世界ジュニア選手権で行なわれていた他の競技を見回して、何かいい種目はないか物色することを忘れませんでした。

もっと自分に向く種目、自分が勝ち続けられる競技はないか。

オリンピックに出られる確率が高い競技は何か。

目に留まったのがハードルです。見ている限りでは、選手たちの全体的なハードリングの技術レベルはそう高いとは思えず、これなら付け入る余地があるのではないか、と感じました。

ハードルを練習したことがあったわけではありません。ハードルを極めている人がいない、みんなが力を出し切れていないと直感したのです。

そこで物は試しと、国体で400mハードルに出場してみたところ、49秒09で優勝してしまいました。特別な練習もしないで臨んだ初レースでのこのタイムは、なんとジュニア（20歳未満）では日本新記録で、当時世界ジュニア歴代2位の好記録でしたから、自分でもビックリしました。よほど向いていたのでしょう。

以来、今日までの10年間、高さ91・4cmのハードルが35m間隔で10台並ぶこの競技にすべてをかけてきました。

支えてくださる方々との幸運な出会いもあって、それなりの結果を積み上げてくることもできました。2001年のカナダ・エドモントン大会と、2005年のフィンランド・ヘルシンキ大会の、世界陸上で獲った2つの銅メダルには自分でも満足しています。

男子のトラック種目初の日本人メダリストという物珍しさと、後先考えずにスタートから思い切り飛ばすレースぶりから、〝侍ハードラー〟の異名をいただいているのも、面映《おもは》ゆく感じる半面、日本の武士道に誇りを感じる自分としては光栄です。

日本人の限界と可能性

2003年の世界陸上パリ大会では、末續《すえつぐ》慎吾選手が200mで銅メダルに輝きました。フィールド競技に目を転じれば、2004年アテネ五輪の金メダリスト、ハンマー投げの室伏広治選手がいて、日本の陸上競技も世界レベルに達したか、と思われるかもしれません。

しかし、レベルが上がれば上がるほど、つまり「世界一」に近づけば近づくほど痛感させられるのは、日本人という民族に生まれついたための限界なのです。

農耕民族で、野菜と魚を食べて、着物姿で畳に正座。先祖代々受け継がれてきたDNAは、付け焼刃の欧米風生活ではどうにもならず、フィジカル面でのポテンシャルは総体的にやはり低いと言えるでしょう。

少なくとも、短距離走で世界一を狙えるような体ではありません。

つまり、日本人は、足が遅い民族なのです。

「できることなら、アフロアメリカンに生まれたかった。世界一を狙える体に生まれたかった」

ため息をつきながらそう思う日本人選手は多いと思います。アフリカ系アメリカ人のような体のバネが自分にあったら……私も何度もそう思いました。

そして、そのたびに、そうした無い物ねだりを戒めました。確かに、生まれ持った能力は高いほうがいいに決まっていますが、私はこの国に生まれ、この国の文化の中で育ったからこそ、こんなに充実した陸上人生を送ってこられたのです。

自分に与えられた体をどうやって最大限に生かすか。

1000分の1秒でも速くなるために、どんなトレーニングをして、どのような体の動かし方を会得するべきか。

自らの繊細な五感を信じて神経を研《と》ぎ澄まし、微妙な違いにこだわりながら技を高めていく、という私のやり方は、まさに典型的な職人気質の日本人流のものです。こんなに楽しいやり方を知ってしまった私が、体まかせ、ポテンシャル頼みの競技人生に満足できるはずがありません。

能力指数100に生まれついたアフロアメリカンが75しか発揮できない例はたくさんあります。それなら、能力指数50の日本人はなんとか工夫して75にまで指数を上積みしていけばいい。

それは決して不可能なことではない、と断言できます。

日本人はあと0・3秒速くなる

足が速い人は、生まれつき速い。遅い人は、生まれながらにして遅い。特に短距離走はポテンシャルの勝負——。

そう思っている方が多いでしょうし、私もつい数年前まではそう思っていました。そして、ある面ではやはりその通りなのです。生まれ持った骨格や腱、筋肉などの質によって、足の速さはかなりの部分まで決まってしまいます。

車と同じで、エンジンの性能を超えた走りはできません。

ただし、多くの人は、性能を限界まで引き出していないのです。また、エンジンの性能がアップしなくても、タイヤを履き替えたり、運転テクニックを上達させたりと、スピードをアップさせる方法はほかにいくらでもあるのです。

私の場合でいうと、29歳になった今でも足は速くなっています。トレーニングの成果です。この10年間、ハードル競技に打ち込むなかで、1000分の1秒でも速く走りたくて、私はいろいろなことを試してきました。

欧州グランプリに出場したり、アメリカのクラブでトレーニングしたりと、欧米流のノウハウを体験する一方、なんば走りという江戸時代からの日本流走法をやってみたりもしました。

2005年の世界陸上から昨年末までの1年余は、フラットでの走力アップを目指して、あえてハードルを跳ばないという、常識はずれの行動にも出ました。

自分に合うものも合わないものもありました。そうして自分の肉体を実験材料に試行錯誤を繰り返してきた結果、わかったことは、

「だれでも足が速くなる」

ということだったのです。

ただし、それには条件があります。その人の体の構造に合ったトレーニングをして、最も効果的な体の動かし方を体得する、ということです。日本人が、骨格も体質も違う欧米人のノウハウをそのまま採り入れても、効果が上がるどころか、逆効果になることさえある、と私は思います。

日本人に合った方法で体を鍛え、正しい体の動かし方をマスターすれば、だれでも必ず足が速くなります。

ざっと見積もって、100mで言えば国民平均0・3秒くらいは速くなるのではないでしょうか。

日本人の足が平均0・3秒速くなる――。

これは大変なことです。

現在の100mの世界記録はアサファ・パウエル（ジャマイカ）が2005年に出した9秒77で、日本記録は1998年に伊東浩司さんがマークした10秒00。単純に0・3秒を引き算すると、日本人選手が100mで世界一を狙える水準になるということなのです。

もちろん伊東さんは、後述通り、体の動き方を極めきった結果の記録ですから、単純には比べられません。ただ、走ることを職業としていない一般の日本人の皆さんにも、そのくらいのポテンシャルが開花する余地はあると思うのです。

また、走ることは、ほとんどのスポーツで基本になる能力ですから、他のスポーツへの影響も多大に出てくるに違いありません。野球でもサッカーでも、戦略や戦術が大きく変わっていくでしょう。世界を舞台に活躍できるアスリート、プレイヤーも飛躍的に増えるはずです。

夢のような話ですが、私は夢とは考えていません。

それは大きな野望ではありますが、実現可能なプランであると思います。

日本人の足を速くしたい。

私は、本気でそう考えています。

第一章　だれでも足は速くなる

速くなればスポーツが変わる

皆さんは、「速く走るための走り方」を教えてもらったことがありますか？

おそらく大半の方は、ないのではないかと思います。

学校の体育の授業を思い出してください。走り高跳びの跳び方、サッカーでのボールの蹴り方、水泳の各泳法のポイント、バスケットボールのシュートのやり方、バレーボールのレシーブのコツ……。さまざまな競技のいろいろなノウハウを習った記憶はあっても、速く走るための走り方を指導された経験は、陸上部にでも所属していない限り、ないと思います。

では、速く走る方法を自分で研究したことは？

もちろん、ないはずです。野球やサッカー、ゴルフやバスケットといった人気スポーツなら、うまくなりたくて、プロのプレーを研究・分析した経験がある人は多いと思いますが。

そもそも、「足なんて速くなるもんか」という先入観を皆さんお持ちではないでしょうか。足の速さは先天的な素質による、という思い込みと、ただ走るという単純な作業にたいした技術論などありっこない、という誤解が、そうした先入観を生んでしまっています。

しかし、本当は、だれでももっと足が速くなるのです。

それを教えることも、マスターすることも可能なのです。

そのためにはまず、先入観を捨てて、

「自分も足が速くなるかもしれない」

という意識をしっかりと脳に刻み込むことが大切です。

スポーツでも、脳の役割は重要です。体を動かす司令塔は脳だからです。世界のトップアスリート、名プレイヤーはおしなべて優秀な脳を持っているに違いない、と私は思っています。

せっかく速くなれるなら、そうしないのはもったいないと思いませんか？

走ることはあらゆるスポーツの基本であり、走るスピードが上がれば、競技力が上がるのは疑いようのない事実です。フィジカル面で劣っている日本人がスピードをアップさせるのは、どのスポーツにおいても間違いなく大きなメリットになります。

野球なら、内野安打が増え、守備範囲が広がり、走塁面での貢献度もアップするでしょう。サッカーなら、得点チャンスは格段に増え、無駄な失点も減るでしょう。バスケットボールやラグビー、アメフトなど、走ることで得点するスポーツでは、まさに直接的な戦力アップにつながってきます。

つまり、指導者が速く走る方法を教え、スポーツ選手や子供たちがそれをマスターしていけば、日本のスポーツシーンは根底から変わるのです。

速く走れば、日本が変わります。

それをしないのは、とてももったいないと私は思います。

コケそうになる感じが大切

難しいことではありません。コツを覚えれば、だれでも足が速くなります。筋力をアップするとか、フォームを修正するとか、そういう七面倒くさい話ではないのです。もちろん、そうしたことも並行して行なったほうがより効果的ですが、その話は後回しにして、ここでは最大のポイントをお話ししましょう。

最大のポイントは、走るときの意識を変えることです。

走る、というよりも、コケそうになるのをこらえる、という感じで走ると、速く走れます。

自然に真っ直ぐ立って、ほうきが倒れるように体全体を前に倒してください。重心が前に移動し、体重がつま先にかかって倒れこみそうになり、足がひとりでに前へ出るはずです。この動作を連続して速く行なうのが「走る」ということです。

少しオーバーに言うと、落ちているものを拾いにいこうとしてコケそうになり、それをこらえて一生懸命足を前に出している感じなのです。

腿《もも》を高く上げようとか、地面を強く蹴ろうとか、自分の力で速く走ろうとしてはいけ

“走る”イメージ。腿を高く上げず、滑るように走る。

ません。あくまでも、体が倒れこんでいく力を利用していく意識が重要です。

イメージとしては、滑りやすい学校の廊下を滑らないように走る、あの感じ。あるいは、能の舞で見られる、あの摺《す》り足のイメージです。バタバタ走るのではなく、スイスイ走りましょう。力むのではなく、むしろ、まるで速く走ろうとしていないように見える、そういう走り方を心がけてください。

そんなことを言うと、反論の声が聞こえてきそうです。

「カール・ルイスだってアサファ・パウエルだって、そんな変な走り方はしていない。胸を張って腿を高く上げて、力強く美しく大地を蹴って走っているじゃないか」と。

しかし、あれは彼らにとって最も速く走れる走り方なのであって、日本人には向いていません。

なぜかと言うと、欧米人と日本人では、生まれつき、骨格が違うからです。

サイドブレーキの解除

日本人に〝能の舞〟が適しているのは、骨盤の角度に起因します。

欧米やアフリカの人々はおおむね骨盤が正面を向いているのに対して、日本人の骨盤はやや上を向いています。そのために、日本人が欧米人と同じように走ると、前へ進む力が斜め上へ逃げてしまいがちです。

ピョンピョンとムダに跳び上がるイメージの走りになってしまうのです。

「日本人は足が遅い」大きな理由のひとつは、ここにあります。

車で言うと、日本人の体は、サイドブレーキを少し引いたような状態にたとえることができるでしょう。骨盤の角度が、走るスピードを減速する役割を果たしてしまいます。このサイドブレーキをまず解除しなくては、いくらアクセルをふかしてもスピードは上がりません。

骨盤を、前へ、そして下へ、傾ける意識を持つことが、サイドブレーキの解除に相当するというわけです。つまり、上へ逃げがちな推進力をムダなく前へ持っていくためには、「下へ押さえ込む意識」が必要なのです。それくらいのつもりでちょうど、走っているときの骨盤の角度がようやく欧米人、アフリカ人と同じくらいになってくれます。

しかし、骨盤がどうこう言われても、なかなか感じがつかめないと思います。

それで、「コケそうになるのをこらえて足を前に出す感じ」「廊下を滑らないように走る感じ」と書いたのですが、そのようにして走れば、結果的に骨盤がいい具合に傾くはずなのです。

意識をそういうふうに変えて、骨盤がいい角度の状態で走ることができるようになれば、だれでも足が速くなります。

欧米人やアフリカ人は、アクセルをふかすトレーニングをしなければ速くなりませんが、日本人はサイドブレーキを解除するだけで速くなるのです。

つまり、「生まれ持った骨格上のハンディのために足が遅い」という現実をポジティブに考えれば、「その欠点を修正するだけでサイドブレーキが解除されるから、足が速くなりやすい」という明るい未来が見えてくるというわけです。

極意への到達

人間の足って、走り方を変えれば速くなるんだ――。

私が明確にそう体感できたのは、2003年の冬でした。

筋力ではなく、技術で足が速くなる、ということを確信したのです。

この冬、私は、質量ともに人生で最も激しいトレーニングに励んだのですが、あるとき、走りながら、ふと、

「あ、わかった。こうやって走れば、速く走れるんだ」

と感じました。

何万回、何十万回と着地する中で、地面に着いた足の上に骨盤が乗り込み、股関節のあたりに地面を踏んだ感触が直接に伝わってきて、体がスムーズに前へ進んでいく感覚をつかんだのです。

今までとはまったく違った感覚でした。今までなら、着地したときに地面から跳ね返ってくる圧力は膝にきていたのです。それが、膝を通り越して、股関節に来ました。

そして、あたかも、下り坂を走っていてどんどんスピードが出てくるような加速感を感じました。一度動き出したら止まらない、という感じです。

極意の切れ端をつかんだような気がしました。

速く走ろうと思っているうちは速くならない。自分の体に向いた走り方さえできれば、ひとりでに速く走れる――。

それが極意です。

突然に、いわば一段階上のステージへ到達した私は、昨日までいかに間違った走り方をしていたことかと、むきになって全身を振り回していた自分が滑稽に思えてきました。

そして、例のごとく誇大妄想癖が首をもたげてきたのです。

「行くとこまで行ってしまうかも」

世界一――。子供のころからあこがれていたこの三文字が、俄然、現実味を帯びて目の前にちらつき始め、オリンピックの表彰台で金メダルを掲げる自分の姿がはっきりと脳裏に浮かびました。

この2年前、エドモントン世界陸上で銅メダルを獲ったときは、サイドブレーキを引いたままの状態だったわけですから、サイドブレーキを解除したら……そう想像しただけでワクワクしました。

しかし、現実は厳しく、翌2004年アテネ五輪での成績は、準決勝敗退。「世界一」

の悲願は成りませんでした。

人間版ディープインパクト

アテネ五輪の敗因は後の章で触れるとして、ここでは、2003年冬から現在まで、私の足が速くなっていることだけをご理解下さい。

少しずつですが、しかし確実に、そして今もなお、私の足は速くなっています。

2005年のヘルシンキ世界陸上で二度目の銅メダルを獲得した直後から、2006年末までの500日近くにわたって、私はハードルをただの1台も跳びませんでした。練習も出場レースもハードル無しのフラットレースのみとして、走力のアップを徹底的に図ったのです。

自分で言うのもどうかと思いますが、もともと私はハードルを跳ぶことにかけては才能があって、ハードリングの技術面で苦労した経験はこれまで一度もなく、レースでもハードルをひっかけて転倒したのは生涯でただ一度、2000年シドニー五輪のときだけです。

世界一を現実のものとするためには、ハードルを越える技術でのさらなる上積みを望むよりも、フラットレースでのスピードを強化したほうが効率が良い、と判断して、ハードル練習を封印したのです。

その成否は、2007年夏の大阪世界陸上、そして2008年北京五輪を待たなければわかりません。しかし、ハードルを跳ばなかった1年余の間に、私がいっそう速くなったことだけは確かです。

2003年冬に速くなり始めたときより、ギアが1つ上がりました。競馬で話題になったディープインパクトという優駿を評して、天才ジョッキーの武豊さんが「この馬は走るんじゃなくて飛ぶんです」と言ったそうですが、まさしくその感じで、私も今、走るというより飛んでいる感じで走っています。

日本代表の合同合宿などで、短距離選手たちと一緒にアップをしても、それほど離されずに走れるようになりました。

足だけでなく、腕など全身のすべてを使って地面を踏むコツが、ハードル練習を封印した1年間のフラットでの練習でマスターできたからです。

自身で感じている加速感は、数字で客観的にも証明されました。2006年、フラットレースに出場した私は、100mで10秒49（6月4日、山梨グランプリJUNE）、200mでは20秒97（5月28日、東京選手権）のタイムを出して、高校3年時にマークした自己ベストを28歳にしてともに塗り替えたのです。

それも、100mで0・13秒、200mでは0・26秒という大幅な記録更新だったのですから、自分でも驚きました。

日本人は「脳」で走る

ところで、2003年冬に、なぜ私が今までの競技生活で最も激しいトレーニングに励んだかというと、この年の戦績が最悪だったからです。日本選手権では優勝したものの、それ以外の試合では思うようなパフォーマンスができず、パリ世界陸上でも準決勝であっさり敗退しています。

スランプの原因は、いろいろな要素が絡み合った複合的なものだったと思います。毎日の過ごし方、トレーニングの積み重ねの結果は、かなり時間が経ってから表れるものです。そのときは気づかないほど微妙な何かが少しずつ狂っていって、ある日大きなスランプがやって来ます。

したがって、ひとたびスランプに陥ってしまったら、かなり根本的な建て直しが必要になります。微修正でOKの好調時とは違って、基礎工事からやり直さなければならないのです。

それで2003年にシーズンが終わるのを待って、ハードトレーニングを敢行し、フィジカル、メンタル、テクニックと、あらゆる角度からハードラーとしての自分をゼロから見直したわけです。

その中でフィジカル面での問題点は、余分な筋肉がつき過ぎてしまい、動きが重くなっていることにある、と分析できました。筋力がアップしても、体が重くなったり、筋肉が邪魔になって正しい体の動きが阻害されるようなら、差し引きマイナスになってしまいます。

前年2002年のオフに取り組んだウエイトトレーニングが裏目に出たのです。このウエイトトレーニングは、米カリフォルニア州にある名門クラブで行なったものでしたが、欧米流の筋力アップメニューは、日本人の私にはやはり向いていなかったのでしょう。

繰り返して言います。日本人が速く走るために必要なのは、筋力よりもむしろ、技術なのです。

どう走れば効率がいいかを分析し、イメージし、その通りに体を動かすという意味では、筋肉よりも脳が大切、とさえ言えるかもしれません。

フィジカル面でハンディを抱える日本人は、脳で走るべきなのです。

スタートから飛ばす真相

走るということだけでなく、他のスポーツでもウエイトトレーニングの弊害はしばしば指摘されています。筋力はアップしても、故障しやすくなったり、競技結果が悪くなったりする例があるのです。

人の体というのは本当に複雑なもので、この筋肉だけを鍛えたい、と思っても、違う部分の筋肉が強くなったりします。そこが難しいところでしょう。

たとえば、欧米人と日本人が同じウエイトトレーニングをしても、体への効果は少なからず違った形で表れるのです。

どうしても体の前側に筋肉がついてしまうのが、日本人の体の特徴です。背筋よりも腹筋、腿も後ろ側よりも前側ばかりがたくましくなるのです。欧米やアフリカ系の選手はその逆で、背中と腿の後ろ側に筋肉がつく傾向があります。

鍬《くわ》を振り下ろしてきた農耕民族と、弓を引いてきた狩猟民族の違いなのかもしれません。

試合の合間に競技場でリラックスしている姿を見ると、そうした体の構造上の違いが実にはっきりとわかります。前側が強い日本人選手が猫背で前かがみの体勢になることが多いのに対して、後ろ側が勝っている外国人選手は何かに背をもたせて前側を伸ばした体勢でいる光景を見ることができます。

日本のプロ野球と米メジャーリーグ、それぞれベンチに座っている選手の体勢に一度注目してみてください。日本のベンチでは前かがみが主流なのに対して、メジャーのベンチは浅く座って背もたれによっかかっている選手ばかり。これを「緊張」と「リラックス」の違いととらえることも可能でしょうが、私は体の構造上の必然ではないかと思います。

フロントサイドが強い日本人と、バックサイドが強い欧米人で、走ることに関してどちらの体が好都合か、といえば、もちろん後者です。パワーがそのまま前へ進む力となって爆発するからです。

その代わり、ハードルを跳ぶのに適しているのは、日本人のほうです。前側が強い筋肉、上向きの骨盤、足の短さから、容易に足を上げることができます。

欧米系選手のハードリングが概《おおむ》ねぎこちないのは、彼らの体にとって足を上げることが、私たち日本人が思う以上に難しいからなのです。

ちなみに、私がスタートからエンジン全開でかっ飛ばせるのも、この体ゆえです。ゴール寸前では意識が朦朧《もうろう》とするほど過激な競技、400mハードルでは、ハードリングが苦手な欧米人は、スタミナが切れる9台目、10台目のハードルになると足が上がらず、ひっかけて転倒する恐れを常に抱いています。そこで、なるべく余力を残して9台目、10台目に臨むのが彼らの戦略になります。

ところが、ハードリング向きの体を持つ私は、そうした心配をすることなく、スタートからありったけの力をぶつけることができるのです。また、先頭に立ってかっ飛ばすことで、私の背中を見ながらレースを進めざるを得ない欧米系選手にプレッシャーを与える狙いも込められています。

カール・ルイスの強さの秘密

日本人とアフロアメリカンの体の違いを、2人の偉大な選手を例にとって比較しておきましょう。

アフロアメリカンの代表は、やはりカール・ルイスで説明させていただきます。1961年、米アラバマ州バーミングハム生まれの彼は、身長190cm、体重88kgで、決して筋骨隆々のごつい体型ではありません。全体的にはすっきりとしたバランスのよい体型と言えます。

足などはむしろ細くて、あたかもサラブレッドのそれを連想させるくらいです。

しかし、筋肉の発達の仕方が素晴らしく、彼の現役時代、競技場でその見事な体を観察したとき、思わずため息をついてしまいました。

肩、臀部《でんぶ》、腿の後ろ側など、肝心なところには玉のような筋肉がポコッポコッと盛り上がっていました。特に臀部のたくましさは惚れ惚れするほどでした。

このように局部的に小さく筋肉が隆起するのが、アフロアメリカンの特徴です。余分な筋肉がつかず、欲しい部分にだけ山のように筋肉が盛り上がるのです。筋肉がつかない腱の部分が長いために、こういう理想的なプロポーションが実現するのでしょう。

彼は走っているとき、イメージとしてはおそらく、筋肉を動かすというよりは、筋肉を固めるだけでいいはずです。着地する瞬間に筋肉をぎゅっと固めてやるだけで、長い腱がゴムのようにビヨーンと伸びて、とてつもない推進力を生むのです。

腱の短い日本人には、うらやましい話です。いくら鍛えても腱の長さは変りませんし、筋肉も玉のようにポコッとはつかず、どうしても長い部分にメリハリなくベタッとついてしまいます。

さらに、カール・ルイスの体には、決定的な違いがありました。

それはお腹です。お腹がぽっこりと出ていたのです。

「まさか、ビール腹?」

と首をかしげながら目を凝らしてみると、もちろんビール腹などではなく、せり出しているのは丸ごとすべて腹筋であることが判明しました。腹筋があまりに厚かったのです。

速く走るために最も重要な筋肉は、人種や体の構造に関わらず、腹筋にあると私は考えています。なぜ重要かは別の章で詳述しますが、腹筋の、それもずっと奥のほう、東洋医学で言う丹田のあたりの筋肉がカギなのです。

おそらくカール・ルイスの分厚い腹筋の奥深くに内蔵された筋肉こそが、並外れた偉業を成し遂げられた秘密なのでしょう。

伊東浩司の〝お辞儀走法〟

日本人選手の代表例には、伊東浩司さん(甲南大学助教授)を挙げさせていただきます。9年前に100mでマークした10秒00の日本レコードがいまだに破られていない、「日本一速かった男」です。いえ、というよりも、10秒ジャストの記録は、黄色人種としては初めてだったので、「黄色人種で最も速かった男」と言ったほうがいいでしょう。

１９７０年生まれの伊東さんは、１８０㎝、72㎏。手足が長くなく、肩が少し前に出た猫背で、筋肉がベタッとついてしまう、典型的な日本人アスリートの体だったように思います。

「伊東は才能だけなら10秒30どまりの選手だった」

東海大の先輩で４００m日本記録保持者の高野進さん（日本陸上競技連盟理事）は、あるインタビューでこう話しています。ここでいう「才能」とは、「フィジカル面でのポテンシャル」という意味でしょう。つまり、伊東さんの体は、特に優れたものではなかった、ということです。

しかし、伊東さんは、驚異的な進化を遂げて、速くなりました。あるときから突然、見る見る速くなったのです。５年ほどの間に２００ｍのタイムを約１秒縮めたと記憶しています。

極限まで鍛えこんでいる陸上選手の場合は、何年もかかってようやくコンマ１秒とかコンマ２秒を更新できるかどうか、というのが一般的ですから、伊東さんの進化がいか

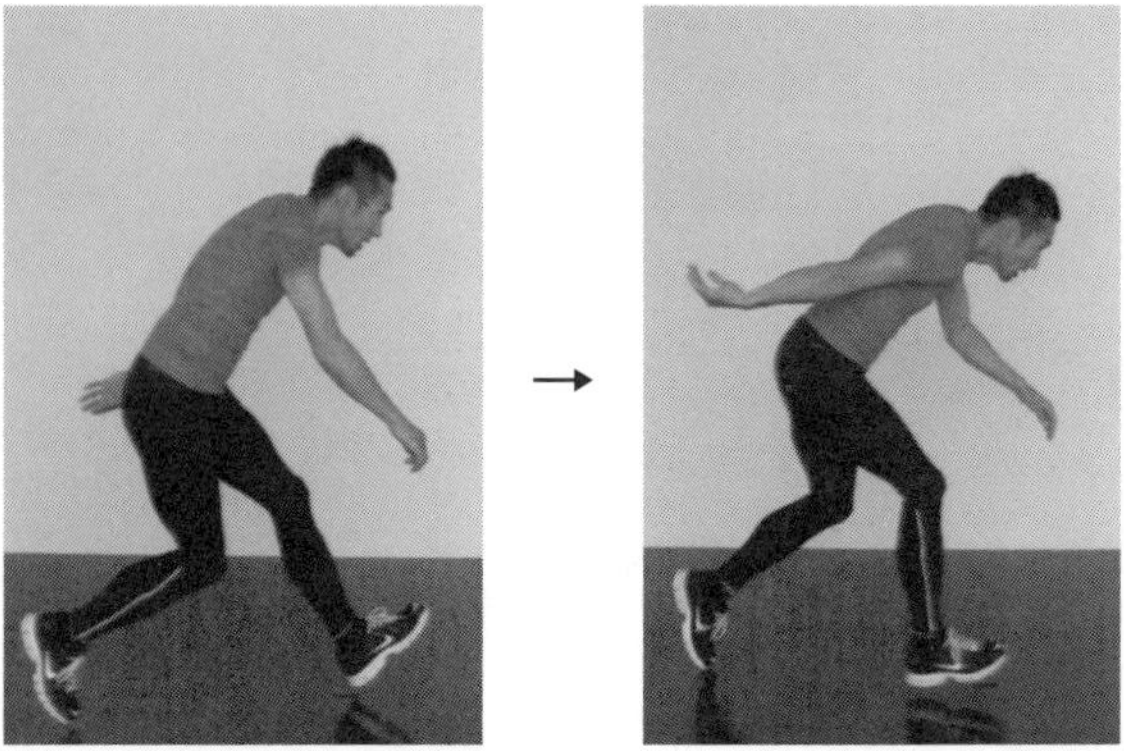

伊東さんが編み出した“お辞儀走法”。

に劇的だったか、わかっていただけるでしょう。

　この劇的な進化は、伊東さんの脳がもたらしたものだと思います。伊東さんは、旧来の常識にとらわれず、速く走るためにはどうしたらいいかを考え続け、さまざまな試行錯誤を重ねたチャレンジャーでした。

　フィットネスコーチ・小山裕史《やすし》さんの「初動負荷理論」も実践されていました。これは、イチロー選手や三浦知良選手も実践していたと言われるもので、体の根幹部の筋肉を十分伸張させ、その筋力から出た力を、リラックスさせた手足に伝えることで、最大限のパワーを生むという体の使い方です。

こうした新しい理論も学びながら、伊東さんは自分に適した方法を一人黙々と追い求めているように見えました。

どんどん速くなっていったのは、走り方を変えてからです。あるときから、伊東さんは、お辞儀をしたまま走っているような、極端な前傾姿勢で走り始めたのです。

末續慎吾に受け継がれる前傾姿勢

当初は、とても異様に映りましたが、伊東さんは何もしゃべらずに淡々と2～3時間、何かを確かめるようにして走っていました。はたからはずっと同じように見えても、きっとご本人の中では、ああでもないこうでもない、と微妙な試行錯誤が繰り返されていたのだと思います。

走り込みが終わると、伊東さんは室内に移って、ウエイトトレーニングに汗を流していました。それも臀部と大腿部だけを集中的に鍛え、臀部周りが十数cm、腿周りが6～7cmも太くなる一方、膝から下と腕のトレーニングはいっさいしませんでした。

その当時、私には、伊東さんの真意がわからず、変わった練習方法だなあ、と口を開けてながめていたのですが、今になってその狙いを推察することができます。

伊東さんは、10年先を行っていたのだと思います。最近になってようやく私がつかみ始めた極意のようなものを、そのときすでに伊東さんは手中に収めようとしていたのでしょう。

極端な前傾姿勢は、上向きになっている骨盤の角度を、正面に向けるためのものだったはずです。その状態で走り込むことで、アフロアメリカンが使っているだろう筋肉が鍛えられ、その姿勢がやがては自然になっていく、という考え方だったのではないでしょうか。

そして、欲しい部分の筋肉だけを、ウエイトトレーニングで補強していったわけです。伊東さんもきっと、数年前の私と同じように、自らの体の限界を感じ、体の使い方を変え、走り方を変えることで、「アフロアメリカン」に対抗しようとしたのだと思います。

その結実が、10秒00という数字でした。

あの独特の〝お辞儀走法〟は、一見異様でも、実は日本人が速く走るために最もふさわしい走り方だったのです。伊東さんが結果を残したことで、前傾することの重要さが認識され、今では末續選手はじめ、多くの短距離選手が前傾姿勢で走るようになっています。

人間の体やスポーツの方法論については、まだまだわかっていないことも多く、そのときどきの主流理論が必ずしも正しいとは言い切れないのです。

いい、とされているものでもまず疑ってみる。そして、自分の頭と体を使って、自分には何が向いているのかを試行錯誤していく。そうした想像力と実行力が大切なのだ、と私は思います。

第二章　速くなるトレーニング

上り坂より下り坂

前章では、意識の持ち方の大切さについてお話ししました。自分も足が速くなれるんだ、と思うことの大切さ、走るというよりもコケそうになるのをこらえて足を前に出すという感覚の大切さ。これらを意識しながら走るだけでも、足は速くなると思います。そして、日本人に適したトレーニングを行なえば、さらに足は速くなります。この章では、日本人にはどんなトレーニングが有効なのかを考えてみます。

外国人選手のトレーニングを見ていると、非常に特徴的なのは、重い物を下から持ち上げるウエイトトレーニングを多用することです。彼らの体は、そうして鍛えた筋力が、走るときの爆発力に直結するのです。

しかし、日本人が同じことをやると、体のスムーズな動きを阻害する筋肉がつくだけで、かえって走るのが遅くなります。前章で記した2003年頃の私のように、です。日本人の場合は、逆の方向からの負荷で鍛えたほうがいいでしょう。高い所から飛び降りて反力を受け止める、あるいは落ちて来る物をぴたっと受け止める、というようなトレーニングです。

上から落ちてくる力を反発させるトレーニングをすることによって、倒れてくる体を前に反発させていくためです。

走る場所も、上り坂より下り坂をお勧めします（多少危険が伴うので、注意が必要ですが）。走って苦しいのはもちろん上り坂のほうで、「苦しい＝ためになる」という誤解が大好きなわれわれ日本人は、上り坂ダッシュでヘトヘトになり、達成感に包まれたりしがちですが、精神的な何かを求めるならともかく、「速くなる」ことに関して言えば、下り坂ダッシュのほうが断然ためになります。

力を入れて地面を蹴ることよりも、とにかく足を前へ出し続けないと転びそうになる、という練習のほうが、日本人には有効なのです。

剣道と相撲で速くなる

剣道や相撲といった日本古来のスポーツからノウハウを学ぶことも、非常に有益だと思います。日本人が長年究めてきたものの中には、日本人に適した方法論がぎっしりと詰め込まれています。

とりわけ剣道は、もともとは生き死にのかかっていた武術だけに、素早い体の動かし方を極限まで突き詰めてあるはずです。それこそコンマ何秒の後先や、踏み込みの数cmの深浅が、生命を左右したのです。

打ち込みに行くときの、より素早く、より遠くまで一歩を踏み込む足さばきは、速く走るために必要な動き方と大変よく似ています。剣道のその一歩を両足交互に連続して繰り返すのが走ることだ、とさえ考えていいでしょう。

上へ跳び上がることなく、敏捷《びんしょう》に足を前へスライドさせる素振りの稽古を行なえば、これはいいトレーニングになります。

相撲も、立ち合いの体勢を見ていると、

「ああ、これはスタートダッシュするときの体勢に近いな」と感じます。

立ち合いで相手に身をかわされて転がされるシーンをよく見ますが、それくらいギリギリまで重心が前へ移動している、ということなのでしょう。「コケそうになるのをこらえて足を前へ出す」という感覚に非常に近い状態だと思います。

私は四股《しこ》をよく踏みます。四股は、骨盤の角度がきちんと入っていないと踏めないので、調整や確認にとてもいいのです。

一本の棒になる

どんなトレーニングをするときも、最も大切なのは、脳を使うことだと思います。あるイメージを描いて体をコントロールするのと、ただ漠然とメニューをこなすのとでは、天と地ほどの違いが出てきます。

脳の指令どおりに体を動かそうとする習慣は、どのスポーツでも必ずプレーに生きてくるものです。そもそも体は脳の指令がなければ動けないようになっているのですから。

描いてほしいイメージは、腹筋を中心にして自分が一本の棒のようになる、という感覚。そう言ってわかりにくければ、「へっぴり腰にならないように」という感覚でしょうか。へっぴり腰とは、腰が引けている状態、つまり、腹筋のあたりで体が曲がってしまい、重心移動がスムーズに行なえない状態です。

その逆の状態を目指すのです。一番折れ曲がってしまいやすい腹筋のあたりを固めて、体を一本の棒のようにできると、全身のバランスがぴたっと決まって、素早く重心を移動できるようになります。頭からつま先まで全身が串刺しになっているイメージを持ってください。

素早く重心を移動できるということは、すなわち、速く走れるようになる、ということです。何度も繰り返しますが、日本人が速く走るには、筋力を使って体を前へ進めるのではなく、重心を素早く移動させる方法が向いているのです。

一本の棒になる感覚をマスターするには、トランポリンなどが有効だと思います。トランポリンを跳んでいると、体が一本の棒になっていないときには、真上に跳び上がることができません。自分の体が思っていなかった方向へ弾んでしまったり、バランスを失って倒れたりしてしまうのは、棒になっていない証拠なのです。

まずは両足で、次は片足で、さらに20kg程度の物を担いだ状態で、真上に跳び上がることができるようになれば、走るときにも簡単に「一本の棒」になれるはずです。

王貞治の究極トレーニング

あまりやらないほうがいいトレーニングも挙げておきましょう。

典型的なものは、スクワットです。一本の棒になれた後ならまた話は別ですが、その前の段階で日本人がスクワットをやり過ぎると、膝上の筋肉が発達してしまいます。

ここの筋肉は基本的に、動いている体を止めるための筋肉です。「スピードを出す」ことだけを考えるとむしろ邪魔になるわけで、膝上は細いほうがいいのです。

野球やサッカー、バスケットボールなど、ストップする力が必要なスポーツでは、膝上の筋肉も必要ですが、その場合でも、内腿や臀部といったスピードを出すための筋肉を上回らないほうがいいでしょう。

内腿や臀部の筋肉は、強ければ強いほど好ましいです。

ただし、そのパワーが直接スピードにつながるためには、前述の通り、腹筋の奥の筋肉がしっかりしていて、体が折れ曲がらないことが条件になります。

それと、お腹の両側にある腹斜筋も重要です。これは、体を左右にねじる筋肉で、内腿や臀部の推進力に腹斜筋が負けてしまうと、走っていて体の動きがバラバラになってしまいます。足が流れ、膝が割れて頭が揺れて、重心がどこにあるのかわからない状態になるのです。

腹筋の奥と腹斜筋をぎゅっと固めて重心を作り、そこを中心にして腕を振り足を前へ広げていく……そういうイメージを常に持っていなければなりません。

腹斜筋を鍛えるには、物を持って体を左右に捻《ひね》ることです。それも、できるだけ捻る幅を大きくするようなトレーニングがいいでしょう。重い物を使ってゆっくり捻ってもいいし、軽い物の場合は速く捻るようにします。

また、剣道の素振りを斜めに行なうのも効果的です。たとえば、右上に構えた竹刀を左下に振り下ろすのです。そして、斜めに振り下ろした竹刀は、腹斜筋を固める意識でぴたっと止めてください。

腹斜筋を鍛えるトレーニング。重い物を持って
左右に捻るとともに、その場で足も前後させる。

世界のホームラン王、王貞治さんは現役時代、独特の一本足打法をマスターするために、吊るした薄紙を日本刀を使って斜めに切る特訓をしたそうです。バットを最短距離でボールに叩きつけるダウンスイングの呼吸を会得するためでした。

危険なので絶対に真似してはいけませんが、これなどはきわめて質の高いウエイトトレーニングではなかったでしょうか。

薄紙を斜めに切るためには、振り下ろすスピードが必要なうえに、振り下ろした真剣はぴたっと止めないと自分の足を切ってしまいます。腹斜筋を動かして固める、絶好のトレーニングなのです。

また、大変な集中力が求められたはずで、一回一回の効果は非常に高かったと思います。頭で考えた通りに体を動かす、という意味でも、失敗が許されないこのトレーニングは文句なしに最高です。

王さんの腹斜筋は間違いなく、あのたくましい腿と臀部に負けないだけのパワーを持っていたはずです。

トイレできる特訓

歩くときも、姿勢に注意して歩くといいと思います。ほとんどの人は、腰が少し後ろに引けているので、最初は極端なくらい腰を前へ出してみるつもりでちょうどいいかもしれません。

腰が十分に入っているかどうか、チェックしてみましょう。軽く足を開きまっすぐ自然に立って、自分の足の甲を見てください。たぶん、足の甲は見えると思います。見えていたら、その体勢は、腰が引けている状態。へっぴり腰です。

腿の付け根の骨をもっと前へ出して、足の甲が見えないようにしなければいけません。つま先だけが見えている姿勢が、腹が入って一本になれている状態です。といっても、おへそやみぞおちが一緒に前へ出てしまうと、これはお腹を突き出しているだけです。

両腿の付け根を意識して突き出します。

それが難しく感じたら、下っ腹に力を入れ、お尻の穴をつぼめるようにすると、うまくいくはずです。

おしっこをギリギリまで我慢する力の入れ方に近いと思います。下っ腹のあのあたり

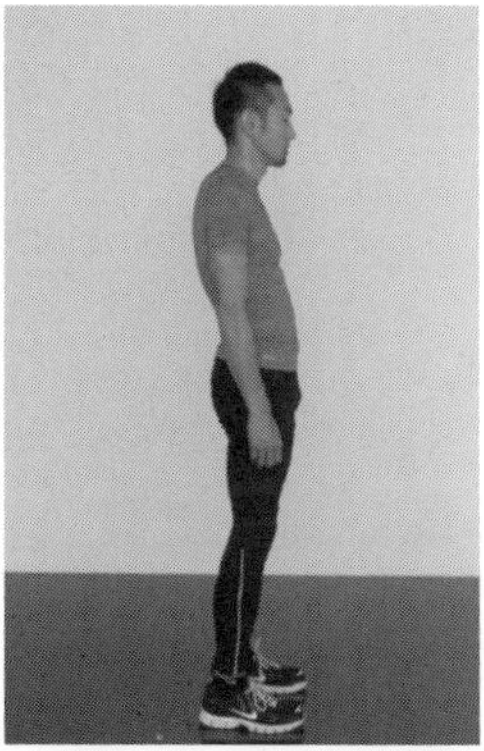

両腿の付け根を意識して
突き出した正しい姿勢。

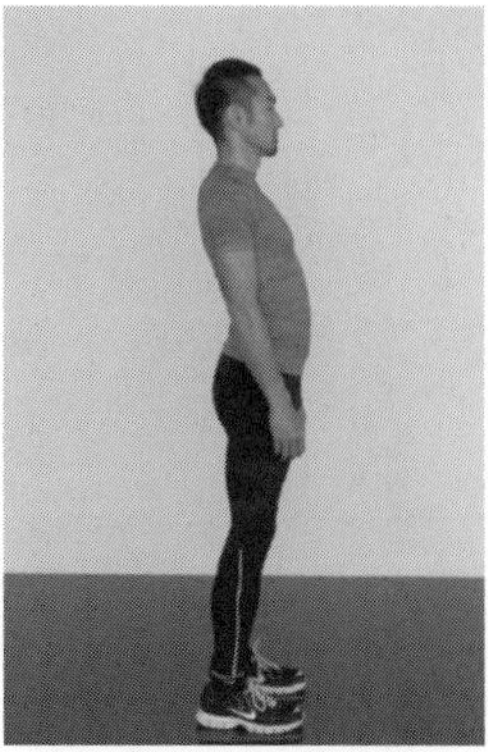

おへそやみぞおちが
出てしまっている姿勢。

に力を入れるのです。

イメージとしては、野球のピッチャーがセットポジションでグラブをかまえているときの、あの下っ腹の突き出し方です。あるいは、もしくは、応援団員が大きな旗を持っているときの、もしくは、時代劇で役者が腰を前に突き出しながら歩いているときの、下腹部の構えを思い出してください。

使っている筋肉は、明らかに腹筋とは違います。腹筋よりも下で内側。このあたりの筋肉が非常に重要で、走るときも、意識としてはここを中心にして全身を躍動させるのです。

正しい姿勢で走ることができるようになると、おしっこの勢いが強くなります。私も足が速くなりだしてからは、勢いが増しました。

これを逆に考えれば、おしっこの勢いが強くなるような力の入れ方を意識するように すると、正しい姿勢を身につけやすくなるかもしれません。

ここの部分の筋肉は、ふだんはほとんど使われず、意識もしないと思います。まずは 神経を通わせるというか、そこに力を入れる感覚を覚えるためには、走るとき、歩いて いるときだけでなく、用を足す機会も利用してしまいましょう。

猫背の人は速い

みぞおちを出さずに下腹部だけを突き出し、十分に腰を入れると、体は横から見てS 字状になっています。つまり、これは猫背です。

きれいに見せようと胸を張りたくなるかもしれませんが、日本人が胸骨を開いている のは、体の構造からは自然とは言えないのです。肩が少し前に出て、背中が緩《ゆる》く丸まっ ているこの体勢が、最も自然な日本人の姿とあきらめましょう。

日本人で足が速い人はたいてい猫背です。伊東浩司さんも末續選手も例外ではありません。頭から一本の棒で串刺しになった状態を保とうとすると、日本人の体は必然的にやや猫背になる、ということなのです。

ここでついでに、足の速い人の体に共通して見られる特徴を挙げておくことにします。まず、膝がポコッと出ているケースが目立ちます。前述したように「膝上の筋肉は走る邪魔になる」ことを考えると、速い人は膝上がたくましくなく、それで膝頭が出て見えるのでしょうか。

次に、正面から見て足首が細いこと。といっても貧弱なわけではなく、横から見ると、アキレス腱が骨の真後ろに縦長についていることがわかります。

あとは、肩幅が広くて骨盤が狭い、いわゆる逆三角形の体型が大きな特徴です。これには物理学的に見て妥当な理由付けができます。角運動量保存の法則、と言うそうですが、嚙み砕いて言うと、肩幅が広いほうが肩を少し動かすだけで大きなエネルギーを骨盤に伝えることができ、骨盤が高速に動く、ということです。

肩幅が狭い選手は、その不利を補うために腕を大きく動かさなければいけないのです。速い人は腕が長い場合が多いのも同じ理由です。加えて、腕が長いと、走りながらバランスが取りやすいという利点もあります。綱渡りのときに、長い棒を持っているとバランスを取りやすいのと同じです。

ちなみに、自分が足が短いから言うのではありませんが、足の長さは、足の速さとは大きな相関関係はないようです。

「アゴを上げるな」はホント?

走るときでも、いろいろなスポーツをやるときでも、

「アゴを上げるな」

という注意をしばしば聞きます。

しかし、こと走ることに限っては、アゴを上げるのは一概に悪いとは言えないのです。高野進さんも末續選手も、首が先行するようなフォームで、結果、アゴが上がって見えます。私もそうです。

というのも、もともとの骨格として、顔全体がやや斜め上向きになっていて、アゴが生まれつき上がった状態だからです。聞くところでは、骨盤が前傾している人はバラン

ス上、比較的アゴが上がりやすい骨格になることが多く、これを「顎《がく》反射」と言うのだそうです。

つまり、「アゴが上がって見える人」＝「生まれつき骨盤が前傾している人」＝「足の速い人」という図式が成り立つわけです。

また、気道を確保して呼吸をしやすくするためにも、アゴを上げて走るのは理にかなっています。疲れている状態を「アゴが上がる」と言うように、苦しいときにアゴが上がるのは人間のごく自然な反応とも言えるのです。

それなのに「アゴを上げるな」がスポーツの常識としてまかり通っているのは、おそらく、アゴを上げると、一緒にみぞおちのあたりが前に出てしまい、それで体のバランスが崩れるのを嫌ったからだと思います。

肝心なのは、みぞおちのあたりを前に出さないこと。これさえ守っていれば、アゴが上がっても、体の重心が不安定になることはありません。

新庄の体型、イチローの走法

2006年のシーズンで現役を引退した新庄剛志さんは、阪神時代に伸び悩み、〝ミスター・タイガース〟に成長してほしいと願った首脳陣から、「もっと足腰を鍛えろ」という指示を受けたところ、こう言い放ったそうです。

「それはちょっと……。足腰を鍛えすぎると、ジーンズが似合わなくなっちゃうんですよね」

首脳陣の指導を、わけのわからない理由で拒否するなんて、いったいあいつは何を考えてるんだ、とあきれられたらしいのですが、実は新庄さん、アスリートとしては直感的に本質がわかっている人だったのかもしれません。

仮に新庄さんが、自分の一番のセールスポイントを「スピード」だと考えていたのだとしたら、どうでしょう。確かに鍛え方を間違えると、パワーはついても、スピードを損なう恐れがあるのです。

新庄さんの体型は、前述した「足の速い人の特徴」に合致する逆三角形で、アスリートの体型としては理想的です。このバランスは崩したくない、という自分の直感を信じた新庄さんが、説明するのが面倒なので大向こう受けする「ジーンズが……」発言で煙《けむ》に巻いた、という可能性はあります。

野球選手でもう一人、気になる存在は、やはりイチロー選手です。攻走守すべてにわたる圧倒的なスピード感で、メジャーリーグに「野球の本質」を見つめ直させたイチロー選手のような革命児が、日本のあらゆるスポーツシーンに現れてほしい……私が本書で提案している「日本人の足を速くするプロジェクト」も、そうした願いに由来しています。

今でも十分に速いイチロー選手ですが、もし陸上選手になっていたとしても、かなりの仕事をされたのではないか、と思われます。そんなに前傾した走り方ではないけれど、骨盤がみぞおちよりもかなり前に出ているようなので、やはり「どう走れば速いか」に関するポイントはきっちりご存じに違いありません。

中田英寿が倒れなかったワケ

イチロー選手のプレーを見ていて参考になるのは、とても力が抜けているように見えることです。これは「まるで速く走ろうとしていないように見える」という〝速くなるための極意〟に通じるものがおそらくあるのだろうと思うのです。

一方、サッカーで同じように世界を舞台に活躍した中田英寿さんは、すごく柔らかく見えました。関節や筋肉が柔らかいんだろうな、という印象が強烈にあります。

たとえば、相手と競り合っているとき、いくら激しくチャージされても、中田さんが倒れるシーンはそう多くなかったのではないでしょうか。肩や腕がふにゃふにゃしていて、押されても当たられても相手の力を吸収してしまう、どこかへそらしてしまう、そんな感じでした。暖簾《のれん》に腕押しという感覚を、相手選手は感じていたのではないでしょうか。

たぶん、お二人とも、肝心の筋肉だけに力が入っていて、それ以外の部分、ことに末端はリラックスさせた状態でプレーできるのだと思います。それで体の重心が常に安定し、抜群のバランスが生まれるために、力が抜けているように見えたり、柔らかく見えたりするのでしょう。

肝心な筋肉とは、やはり下っ腹です。

ロナウジーニョ、ロナウドといったサッカー界のスーパースターや、バスケットボール史上最高のプレイヤーと言われたマイケル・ジョーダンなどを見ても、共通して感じるのは、「決してお腹の部分が折れ曲がらない」ことです。「一本の棒で全身が串刺しになっている」感じです。

弱い選手はすぐに体が「く」の字型に折れ曲がるのですが、優れたプレイヤーは腹筋と下っ腹の筋肉の力で、曲がらずに耐えられます。その結果、重心を素早くスムーズに移動でき、スピードのあるプレーができるのです。

目標は「ロナウジーニョの下っ腹」

現在、私はウエイトトレーニングをほとんどしていません。余分な筋肉がついたおかげで足が遅くなった苦い経験を踏まえてのことです。

みぞおちから腿までのエリアを除けば、筋肉などないほうが手足を振り回しやすく、走りやすくなります。

けれども、体の中心、お腹や背中に関しては別で、特に下っ腹の両脇奥にある筋肉を集中的に鍛えています。カール・ルイスやロナウジーニョのような、筋肉でせり出した下っ腹を目指しているのです。

今年やっているのは、10kgのプレートを持って、高速で振り回すトレーニングです。そして、走るときは、足が地面に着く瞬間に、下っ腹をぐっと押さえつけることを意識しています。

草食動物のインパラみたいに走れたらいいな、と思っています。ピョーンピョーンと跳んでいくこの動物の走りをイメージして、上に跳び上がるのではなく、前へ大きく跳んでいきたいのです。

400mハードルのレースを走っていて、最後の直線で苦しくなったとき、調子が悪いと必ず、重心が浮き上がってきて、足が地面から浮いてしまうような、まさしく「浮き足立った」感じになります。

いかにして地面にへばりつきながらすいすいと進んでいくか。それが、日本人である私にとって一番大事なことなのです。

それにしても、アフリカ系の選手がうらやましいのは、どんなトレーニングをしても、必ず体の中心が鍛えられることです。

たとえば私たちが腕のトレーニングをすると、肘から先が太くなったりするのに、彼らは同じトレーニングをしても胸や腹の筋肉が疲れると言います。どうも体の構造上、エネルギーが体の中心から出やすくなっているのではないか、と思われてなりません。

彼らは、だから、トレーニングの方法について、神経質になる必要がないのでしょう。日本人はそうはいきません。脳を駆使して、考え、イメージし、体を操作していかなければならないのです。

創り出すトレーニングへ

2002年のシーズンオフに約3ヶ月、アメリカでトレーニングした際の最大の収穫は、日本人の体の特徴とそれに適したトレーニングについて、深く考えるきっかけになったことです。

アメリカのトレーニングはあくまでもアメリカ人選手、それもアフリカ系選手を念頭に置いてプログラムされていて、日本人には向かない面も多々あったからです。

また、トレーニングの量と質の関係を見つめ直すこともできました。アメリカ流は、量的には日本式の半分くらいの代わりに質がはるかに高く、トータルのボリュームとしては日本よりも上と感じました。

量が半分なのに、日本の練習より疲れるのです。

日本の場合は、どうしても鍛錬の意味合いが強く、反復を重視するところがあります。もちろん、あるレベルに達するまでは、「できるようになるまで繰り返し行なう」ことも重要でしょうが、度を越すと、回数や量をこなすこと自体が目的化してしまいます。

あるトレーニングが効果的であるのは、それができるようになるまでの間だけだと私は考えます。たとえば、一輪車なら一輪車に乗れるようになるまで、剣玉なら剣先に玉が刺せるようになるまでの間です。

どうやったらうまくいくのか、自分の頭で考え、工夫を凝らし、イメージして、体をコントロールする。その過程で能力が開発され、さまざまな状況に対応する力が伸びていくのだと思うのです。

もうできるようになってしまってからの反復練習には、現状維持の目的は認めても、

「昨日より凄い自分」にたどり着く可能性がありません。

であるならば、なるべく回数や量は少なくして、質の高さで能力を鍛えるアメリカ式のよさを、日本人はもっと取り入れてもよいのではないでしょうか。

スポーツでも大事なのは、クリエイティブな力です。問題点を自分で分析し、どう対処すべきかを試行錯誤していく、柔軟な発想とたくましい行動力です。

「こなすトレーニング」から「創り出すトレーニング」へ。そう変わっていくことによって、多くの「足の速い日本人」が生まれるのだと私は思います。

第三章　勝てない人と勝てる人

速い人が勝てるとは限らない

　100mのレースで実力伯仲のライバルが隣り合ったレーンに入ってスタートしました。どちらもダッシュよく飛び出して、ほぼ並んだ状態で30mを通過、50mを通過。トップを争うデッドヒートに目を奪われていると、70〜80mのあたりで、片方の選手が急にずるずると後退し、あっけなく勝負あり——そんなシーンを見たことがありませんか？

　速さの極限に挑む100m走では、よくあることです。ある瞬間、突然歯車が狂い、本来の走りができなくなって、レースから脱落してしまうのです。

　多くの場合、原因はメンタル面の変化です。隣のライバルが気になって、「絶対に勝ちたい」という雑念が湧き上がり、体のどこかに余計な力が入った瞬間に、すべてのバランスが崩れて、失速してしまうわけです。

勝負どころの、どうしても力が入りがちな、ラスト20〜30mでよく起きる現象です。

メンタル面での微妙な変化は、フィジカル面に大きな影響をもたらし、勝負の結果をくっきりと色分けします。舞台が大きくなり、勝ちたいという気持ちが強くなればなるほど、その比重はさらに増します。

オリンピックや世界選手権で、朝、選手村から競技場へ向かうとき、それぞれの選手にはなんとなくその日の勝ち負けを予測させるオーラが漂っているもので、極端な人になると背中を見ただけで、

「……負けてしまうんじゃないか？」

とわかってしまうことさえあります。

実力やコンディション以前に、メンタル面の問題で勝てない選手は、けっこう多いと思います。

逆に、少々の実力不足や調整の失敗はハートの強さで補ってしまい、肝心なところで

は必ず120%の力を出し切れる選手もいます。

そこが勝負の面白さ、と言えるでしょう。

速い選手が必ず勝てるとは限らないのです。

では、勝てない人と勝てる人、その違いはどこにあるのでしょうか。

日本人が、「速く」なるだけでなく、「勝てる」ようになるためには何が必要なのか、この章ではメンタル面に絞って話を進めていくことにします。

「平常心」は無理難題

平常心——。

日本人の好きな言葉です。

しかし、オリンピックや世界陸上という平常でない状況で、気持ちだけ平常でいろ、と言われても、それは絶対無理です。理想とする境地ではあっても、現実としては不可能に近いことです。

勝てる人が平常心でレースに臨んでいるかというと、決してそんなことはありません。

決勝戦のレース前になると、出場選手8名は、コールルームで出番を待ちます。これから雌雄《しゆう》を決しようという8名が集められたその空間には、異様な緊迫感が充満しています。だれも一言も発しません。

それどころか、約20分間の待機時間中、全員がだれとも目を合わせないのです。なかには、薄暗い部屋の中だというのに、サングラスをかけて目を隠している選手さえいます。

目には心の動きが表れるもの。誰もが、それを見られたくないのです。平常心を失い、緊張感や不安に揺さぶられている心中を見透かされたくない。決勝まで生き残った世界上位8名、海千山千のつわものどもが、そこまで追い込まれた心理状況に陥ってしまうのです。

あの空間の異様な空気が、オリンピックや世界選手権という檜舞台《ひのき》のスケールを、そしてその中でメダルを争う人間が追い込まれる状況を、端的に象徴していると思います。

私自身も、最初のオリンピック、2000年シドニー五輪では、手が震えてスパイクの紐《ひも》がなかなか結べないほど緊張しました。銅メダルを獲った2001年のエドモントン世界陸上でも、ほぼ同様の状態でした。それ以降のアテネ五輪やヘルシンキ世界陸上でも、震えることこそなくなったものの、緊張感が緩和されたわけではなく、「平常心」とは程遠い状態だったのです。

ただ、そういう平常でない自分を楽しむような気分も少なからずあって、エドモントンの決勝直前などは、得意の妄想が始まったことも事実です。レース後の記者会見で、「レース前は、あがってしまって、靴の紐もなかなか結べなかったんですよ。まさか、メダルを獲れるとは……」

などと報道陣に説明しているシーンが頭に浮かんできて、何を考えてるんだ、とさすがに自分でもあきれ返りました。

平常心どころか、ハイテンションの極致に達している自分が、ちょっと怖い感じさえしました。

しかし、結果的には、それで本当に銅メダルが獲れたのです。

主役はいつも自分自身

要は、吹っ切ることではないでしょうか。平常でない自分を平常に戻そうと難しいことを考えるくらいなら、いっそのこと、異様な空気に思いっきり乗っかって、異常な自分になってやる、くらいに思ったほうがいいかもしれません。

実際、勝負強い選手というのは、レース前、かなりトンでしまっているというか変になっているもので、いわゆるトランス状態に近いものがあります。もう周りがどうとか自分の心理状態がどうとかを全然気にしなくなって、オーラに包まれた自己没入状態なのです。

私もそうなのですが、こういう世界に入ってしまうと、名前を呼ばれても気がつきません。そして、極度の興奮状態にありながら、空の上から俯瞰《ふかん》して自分を見ているような醒めた部分もあるという、一種不思議な感覚を味わいます。

つまり、平常心と言うと、いかにもニュートラルな、微動だにしない心の状態をイメージしがちですが、そういう無理な状態を目指すのではなく、むしろ、極限まで緊張状態を高めて針を振り切ってしまうのです。

そうすれば、平常とは違った世界の中で、心は動かなくなるものです。持っている力を、あるいはそれ以上の力を、大舞台で発揮できる選手の共通点は、このような〝不動のハイテンション〟の世界へ、自分を追い込む術《すべ》を知っていることではないでしょうか。

こういう状況でそうなる選手ですから、大方の場合、勝負強い選手というのは普段思い込みが強く、突っ走りがちな選手が多いように思います。私自身もそれが時に短所として出ることを十分承知していますから、普段は冷静さを装っていますが、本質的には相当思い込みが強いタイプです。

一方、勝てない選手は、余計なことを考えすぎたり、無理に平静さを保とうとしたりで、肝心の集中力を欠いてしまっています。妙な言い方になりますが、いざ勝負という修羅場で、正当に物事を見ているような状態では、たいした仕事はできない、と私は思います。

それではテンション不足なのです。周りから「あいつ、きてるなあ」と奇妙に思われるくらいでちょうどいい。

勝負というのは、いざという時に何かを気にしたり躊躇《ちゅうちょ》したりするというのが、大きく足を引っ張ります。なりふり構わない状態にならなければならないのです。そういう意味で、周囲にどんな人間だと思われるかということを気にするようではダメなのです。人にどう思われるかとか、あるべき振る舞いとかが二の次に思えるところまで没頭しなければなりません。

ドラマの主役は自分なのだ、と信じ込むことです。遠慮や謙遜の精神は禁物です。客観的には、8人中8番目の選手だっていいのではないでしょうか。8番目の選手が主役のドラマだと思えばいいのです。

事実、人生という壮大なドラマの主役は、いつだって自分自身なのです。たとえ無残に負けようが、足が震えようが転倒しようが、それは主人公の人生を彩るワンシーン。精一杯見ごたえのあるシーンにしてやる、という意気込みを高めて、没我の境地を目指すのです。

テンションの貯金

もちろん、そうした境地に没入するためには、その日までに何をしてきたか、という過程が問われることになります。

やれるだけのことはやってきた、あんなに苦しいトレーニングに耐えてきた、もう考える余地はない、と自分が納得できなければ、テンションを高めようがありません。

いざ本番を迎えたときに「納得した自分」でいるためにこそ、日々のトレーニングは必要なのです。

前章で「ある技術を獲得してからの反復練習にはあまり意味がない」と書きましたが、アメリカ流の倍の練習量をこなす日本式の重要性は、実はここにあります。

「フィジカル面では劣るけれど、その分、自分はだれよりも多く練習してきたじゃないか」

と自身を納得させる力があるのです。

人間である以上、グラウンドに行きたくない日もあれば、調子が上がらずヤケになりそうな日もあったはずですが、そういう日をいかに耐えてきたかの蓄積が、大舞台でトランス状態へ没入していく力となってくれるのです。

やる気のわかないときに自分に鞭打《むち》ってトレーニングを消化する意味は、極端に言えば、そこにのみあります。精神状態は肉体の反映でもあり、意欲が湧かないときは肉体のコンディションがよくない場合が多く、こういうときに無理に練習しても技術的な効果はあまり期待できません。

それを百も承知で選手が練習漬けになり、とにかく量を積み重ねようとするのは、来るべき日にハイテンションを確保するため、〝テンションの貯金〟のためなのだと思います。

リスクを覚悟して攻める

そして、私の考えでは、さらにトレーニングの質に関する自負も必要だと思っています。少しでも上を目指すために、昨日より速くなるために、自分にとって正しいトレーニングをしてきた、応分のリスクを負ってきた、という自信です。

トレーニング方法の選択肢は無限にあります。ここまで説明してきた私の例で言えば、どの筋肉を鍛えるか鍛えないか、という選択もそうですし、ハードルを跳ぶか跳ばないか、フラットでどれだけ走り込むか、というのもそうです。

別の章でお話しするように、走法にしても、そのときの流行があり、自分に合うものと合わないものがあります。

これらを選んで組み合わせていくとき、ローリスク・ローリターンのトレーニングと、ハイリスク・ハイリターンのトレーニングに志向が分かれるのではないか、と私は思います。

「だれもがやっていて、だれもがそれなりの効果を得ると思われるトレーニング」と、「ほかの人はやってないけど、自分には大きな効果があると期待できるトレーニング」。大きく分ければ、この二つがあるのです。

もちろん、私の場合は、常に迷わず後者の方法論を選択して今日まで来ました。私にとっては、それこそが「走る」ことの楽しさであり意味でしたから、そうする以外になかったのです。

大きな成果を得るためには、それに見合ったリスクを引き受けなければならないのだ、という覚悟を腹に持ち続けていると、いざというときでも、あまり余計なことは考えないでいる度胸みたいなものがついてくるように思います。

何かを守ろうとするのではなく、果敢に攻める。攻めるのに必要でないものはどんどん捨てて無防備化していく。

フィジカル面での〝資本力〟に劣るなら、ハイリスクを負ってでもハイリターンを目指す覚悟を決めるのです。

覚悟が決まれば、恐いものはありません。

レース中は脳を使わない

スキューバダイビングをしている人が不安を感じると、消費する酸素量が増えるそうです。また、将棋を指していて、煮詰まって長考しているときは、これまた酸素の必要量がアップすると聞きます。

不安に思う、思考する、ということで、脳が多くの酸素を使ってしまうのです。

ということは、不安を感じず、余計なことを考えなければ、その分、体に回る酸素の量がアップすることになります。

事実、運動効率系のこうした計算は、実際に走っていて実感することができます。不安な気持ちを持っていたり、あれこれ考え事をしたりしながら走っていると、体が言うことを聞かなくなるポイントが早く訪れるのです。

会心のレースをした選手が決まって言うコメントは、

「どういうふうに走ったのか、よく覚えていません」

ですが、それだけ脳を使わない状態でいられた、ということなのでしょう。

レース前のトランス状態から、そのままレースに突入し、パフォーマンスの最中にはできる限り頭を使わないことが非常に重要なのです。

思考は、トレーニングの段階で済ませておかなければなりません。レース中は頭を使わない代わりに、トレーニングを組み立てるとき、実際にそれを行なっているときは、徹底的に考え、納得のいくまで試行錯誤しておくべきでしょう。

何も考えなくても体が自然に反応するようになるまでトレーニングしておいて、レースでは、脳に酸素を使わせず、体にすべての酸素を回すのです。

勝負ごとに〝謙遜〟は不要

私は2001年から欧州グランプリを転戦していますが、海外の選手と試合や練習を繰り返す中で大きな違和感を感じたのは、彼らが平気で「諦める」ということです。

たとえば、一緒に練習をやっていて、5本目に入り、しんどくなって「あー、もうダメだ」となったとき、日本の選手だと「力尽きてズルズルと後退する」風情なのですが、彼らは、ふっと足を止めてしまうのです。

試合でも同様です。たとえオリンピックだろうが世界陸上だろうが、こりゃダメだと思ったら、日本人のように粘ったりしないで、さっと諦めるところがあります。

勝負ごとは根性、ハードル競技も最後は根性が物を言う、と信じている私には、それがとても理解できません。

たぶん、彼らのスポーツ観の根底にある「楽しむ」という気持ちのせいではないでしょうか。うまくいかないときだってあるさ、というクールな割り切りが、そこから生まれているように感じるのです。

そして、同じコインの裏表で、彼らは、ひとたび調子に乗るととんでもない爆発力を見せ、スコーンと突き抜ける強さを持っています。行けるときはとことん行ってやれ、というノリのよさです。

日本人にこの正反対の傾向を感じるのは私だけではないでしょう。ダメなときでも粘れる代わりに、行けるときなのに変に冷静になろうとして自ら勢いをそいでしまう、というような損なところがあります。

謙遜を美徳としてきた民族特有の慎み深さが私は大好きですが、勝負となると、その精神性が弱みになっている面が否めないと思うのです。どうも平均を取ってしまう癖が出てしまっているような気がします。

行けるときには、後先考えないで行けるところまで突き抜ける。風が吹いてきたら、その風に乗っかって、自分でも考えていなかったところまでも運ばれていく。ちっぽけな人間の力では推し量れない何かに身を任せてみる、ある種の潔さを持っていると、勝負の世界というダイナミズムの中で、日本人はもっと活躍できるのではないでしょうか。

勝てるメンタリティ

もっとも、私などがそんなことを言わなくても、私より若い世代のメンタリティは、欧米人のそれにどんどん似てきています。勝負に対して飄々《ひょうひょう》としていたり、いい意味で傲慢だったり、あるいはずば抜けることに躊躇を感じなくなってきたり、という変化を色濃く感じます。

自分の能力を正当に見積もれるようになった、という感じです。

それは世相の反映でもあるのでしょう。グローバリズムや成果主義が導入され、日本古来のものが過去形へと流れていく時代を背景に育ってきた世代は、私たちやそれ以前の世代とは違って、無理することなくごく自然に、

「世界を舞台に勝負する」

という意識を持っています。

イチロー選手や中田さんをはじめとする先輩プレイヤーの影響ももちろん大きいはずですが、国際的な超一流アスリートを目指すことは、決して特別なことではなくなっているのです。

このような前提の変化というか、環境の変化は、歓迎すべきことだと思います。世界を舞台にして勝てるメンタリティになってきた、ということです。

「捨てる勇気」や「リスクを引き受ける覚悟」も根付いてきた感じがします。これまでの時代では、「蓄え」が一番大切でした。技術的な蓄えだったり、キャリア的な蓄えだったり、それを得たと自他ともに認めたときに初めて、「これだけ貯まったから、今度は世界で勝負してみるか」という、いかにも農耕民族的なプロセスを踏んでいたわけです。

ところが今は、まず動き始めてみる、という狩猟民族的スタイルが珍しくなくなってきました。いろいろなものが貯まるのを待っていると、タイミングを逸することが多い、ということがわかったからです。

「悪いことは言わないから、もう少しキャリアを積んでみろ。考えるのはそれからでも遅くない」

などという大人のアドバイスを真に受けず、「まず動いてから考えないと遅い」ことに気付いたのです。

アフリカンでもチキンはチキン

私は、2000年のシドニー五輪で悪夢を見ました。9台目のハードルを引っ掛けて転倒し、予選落ちしてしまったのです。ハードル人生で後にも先にもただ一度の転倒。それが肝心の大一番で出たのは、海外レースの経験が少なく、知らないことが多すぎたからでした。

自分にとって一番必要なのは海外でのキャリアだ、と考えた私は、翌2001年から、欧州グランプリに参戦しました。

2003年秋には、入社して1年半しか経っていない大阪ガスを辞めました。サラリーマンという安定した環境にいたのでは、世界のトップレベルに太刀打ちできない、と感じたためです。自分を追い込んで彼らと同じ土俵に上がらなくては、まずメンタル面で迫力負けしてしまう。それを恐れたのです。

欧州参戦も退社も、周囲のあらゆる方々から止められましたが、結果的には、間違っていなかったと思います。

欧州グランプリでは、何よりも精神的なたくましさを得ました。宿の手配も移動の算段もすべて自分でやりながら、数日おきにレースに出るというハードスケジュールに身を置くと、少々のことでは動じなくなるし、余分なことは考えないようになります。煩《はん》雑《ざつ》な環境の中でも勝負に集中することが自然とできるようになったのです。

また、海外の選手と頻繁に接することで、〝上から目線〟を持つこともできました。最初のうちは周りの選手全員が自分より速そうに見えましたが、実際に一緒に走ってみて、そんなことはない、とわかってしまえば、なんということはありません。

相手も同じ人間なのです。自分より速い選手もいれば遅い選手もいる。アフリカ系選手であろうが欧米系選手であろうが、緊張のあまり震えることもあれば、レースに負けて泣いていることもあります。

アフリカンでもチキンはチキン。メンタル・コントロールに苦労しているのは日本人だけではない、と肌で感じることができたのは大きな財産になりました。

今思えば、いきなりの欧州参戦には無茶な点も多々あったのは事実です。しかし、無茶が必要な時期もあるのではないでしょうか。

わけがわからず、何も考えずに行動したからこそ、踏ん切りがついた面もあります。たとえば、欧州グランプリに打って出るのを「もっとキャリアを積んでから」にしていたら、おそらく昨年あたりになっていたはずで、もう私は29歳。いろいろなことを学んでも、手遅れなこともあったに違いありません。

まず動いてから考える

退社の件にしても、生活の安定という意味で言えば、もちろん馬鹿げた行動だったのです。しかし、自分はプロのハードラーとして全身全霊を賭けて勝負するのだ、という覚悟を固めるためには、どうしても必要な愚行でした。

その退社後の冬、競技人生で最も過酷なトレーニングを自らに課しながら、私は人生で最大の充実感を味わっていました。

「よし、やるぞ！」

という意欲が腹の底から湧いて来て、毎日グラウンドへ行くのが楽しくて仕方ありませんでした。食事に行く時間も惜しくて、グラウンドに座り込んでササミを食べていると、ああ自分は生きている、頑張っている、という確かな実感に包まれたものです。

そうした毎日から、速く走るための体の動かし方をつかみ、「自分の足はまだ速くなる！」という確信を得たのですから、現在の自分があるのも、退社の決断ができたからこそでしょう。

世間のアドバイスというのは、「こうしたほうが安全なことが多い」という統計的な経験知によるものだと思います。それはそれで大切なことですし、少なくとも周りの人が善意でそれを言ってくれることもわかっています。

けれども、私たちアスリートは、失敗したときのことをあらかじめ計算する暇があったら、どうすれば自分の潜在能力を最大限に爆発させられるかを最優先して考えるべきなのです。

まず踏み出してみること。それが大切だと私は思います。考えすぎずに、まず動いて、ある意味、流れに身を任せてみることです。

考えるのは、それからでも全然遅くありません。

人間は、動いていると、自分では予想もできなかったことに出会い、考えてもいなかったところへ運ばれていくことがあるのです。

自分が計算できる範囲で成し遂げられることなど、高々知れています。

自分でもビックリするくらいの大仕事をするときは、自分よりも大きな何かの力が背中をポンと押してくれたりするものです。その勢いで、気がついたらできてしまっていたりするものなのです。

第四章　ハードルの上で休む

ハードルへの直感

身長170cmの私は、「大変ですね」とよく同情を受けます。高さ91・4cmのハードルは私の腰あたりまでありますから、もっと背が高くて足が長い外国人選手に比べて不利と思われるのでしょう。

しかし、不利どころか、実はハードル競技ほど日本人に向いた種目はないのではないか、と私は考えています。

私がフラットレースからハードルへ転向したのは、高校3年のときでした。

20歳未満の選手が出場する世界ジュニア選手権の代表に選ばれ、400mのフラットレースに出場した私は、ジュニア日本新記録となる46秒03で走ったのですが、順位は4

位で、トップでゴールした選手とは10ｍも差がありました。

しかも、そのトップだった米国人選手に話を聞くと、アメフトとの掛け持ちだというではありませんか。そして、その後、結局、彼は陸上をやめてアメフトでプロになるのです。

私は、自分と世界との差に愕然としました。

日本の高校生では過去最高のタイムで走ったというのに、世界の舞台ではトップと大差の4位でしかない、という現実。さらに、他のスポーツからやって来た選手がジュニア世界一になり、世界一になっても平気で陸上を捨てていく、そして、それでも陸上界全体のレベルはいっこうに落ちない、アメリカという国のとんでもない層の厚さ。

こんな民族を相手にして闘っていくのか、と思うと、気が遠くなりました。早熟で、この先の伸びしろなど知れている自分が、どんなに頑張ってもどうにもならない、そう感じて、体中がしぼんでいくようでした。

打ちのめされたまま競技場に残った私は、ちょうど行なわれていたハードル競技を見ていました。しばらく眺めているうちに、しぼんでいた体がある直感で満たされ始めるのを感じたのです。

それは、

「ハードルでなら、世界で勝負できるかもしれないぞ」

という直感でした。

この種目は、きっと自分に向いている、そうピンときたのです。

ハードルは日本人向き

そういう直感を持ったのは、背が高く足の長い外国人選手が、かえってその体を持て余し、とても窮屈そうにハードルを跳んでいたからです。ハードル間の歩数も一定していないようで、踏み切りを合わせるのにも苦労していました。

これだけロスのある走り方をしているなら、こちらがロスなくスムーズに走れば何とか勝負していけるのではないか、と感じたのです。

この直感はあながち的外れでもなかったと、いま思います。長い足は、ハードルを跳ぶにあたっては邪魔になるデメリットがありますし、すでに記してきたように、骨盤の角度といった体の構造上、彼らにとってハードルを跳ぶという作業は、私たち日本人が想像する以上に困難なことなのです。

その逆のことが日本人にとってのメリットです。短い足も、推進力が斜め上に逃げがちなことも、「フラットを速く走る」ためにはハンディだったことが、ハードルを跳び越えるときには逆に利点になるのです。

また、ハードル競技というのは、総合力の勝負です。フラットでのスピードだけではなく、過酷なレースに耐えるスタミナ、ハードリングの技術、さらにメンタル面での強さ、戦略や駆け引きの巧拙などなど、頭と体を全て使ってしのぎを削るなかでは、日本人の「考える」能力や「我慢する」根性が大きくものをいいます。

私も、考えることは大好きです。目的を達成するためには、泥まみれになることもまったく苦にはなりません。

直感で進んだハードルの世界が、これほど自分に向いていたことは、本当に幸運だったと思うのです。

ハードルを選んでよかった。常々そう思っている私は、欧米に行くたびにさらにその思いを強くします。というのも、欧米では、ハードラーは社会人としても優秀、というイメージが定着しているため、人々が敬意をもって接してくれ、自尊心をくすぐられることが多いからです。

実際、ハードラーにはインテリが多く、引退後はスポーツの世界から離れて、医師や弁護士、学者などさまざまな職業で活躍しています。

ちなみに、10年間にもわたって122連勝をマークし、1976年モントリオール、1984年ロサンゼルスと二つの五輪で金メダリストとなったエドウィン・モーゼス（米国）は、現在、証券マンとして陸上選手の資産運用を引き受けたりしているそうです。

『炎のランナー』のハードラー

ただし、日本では長い間、ハードル競技は単なるマイナー種目のひとつに過ぎなかった、と言っていいでしょう。

そんななかでハードルにすべてを賭けてきた諸先輩と話をすると、決まって話題になるのは、映画『炎のランナー』のワンシーンです。作品賞はじめアカデミー賞4部門に輝いた1981年のこの名作は、英ケンブリッジ大学を舞台に、1924年のパリ五輪を目指す青春群像を描いたもので、実在の人物をモデルとし、アマチュアとプロ、個人と国家の関係などをテーマにしていますが、主要登場人物の一人がハードラーなのです。

彼は大邸宅に暮らす富裕な貴族の子息で、そのエリート人生のなかでは、学生時代のハードルでの勝ち負けなど、取るに足らないほんの一コマ。それでも精進を重ねて、五輪では見事に400mハードルで銀メダルを獲得するのですが、その彼の練習風景がなんともまあ優雅でした。

美しい芝生の広大な庭に並べたハードルの上に、シャンパンが注がれたグラスを載せて、それをこぼさないようにハードルを飛び越える練習をするのです。

もちろん、あくまでも映画というフィクションのワンシーンに過ぎません。しかし、「マイナー種目」のそしりを受けながら耐え忍んできた日本人ハードラーとしては、この現実離れしたロマンに、孤独な魂を慰められるのです。

このような日本ハードル界の空気、いつか底辺から這《は》い上がってやる、自分の存在を満天下に示してやる、というようなムードも、私の生来の性質にぴったりと適していました。

勝つべくして勝つとか、タイトルを防衛する、というような勝負が私は苦手です。アドレナリンが出ないのです。それよりも、まともなら勝てない勝負で、奇策を弄し、なんとかして勝利を摑もうとする、その過程の七転八倒の試行錯誤がたまらなく楽しいと感じるのです。

日本のビッグ3

時代的なタイミングも私に味方してくれたと思います。

フラットからハードルへの転向を決意した高校3年時は、アトランタ五輪が開催された1996年。折りしもこの頃、日本のハードル界は、3人の名選手の活躍によって世界レベルに達しかけていたのです。

苅部《かるべ》俊二さん、山崎一彦さん、斎藤嘉彦さん。このお三方が、三者三様のアプローチでそれぞれの極意を極め、90年代に日本ハードル界のレベルをワンランク引き上げました。

苅部さんは、現在、法政大学助教授で、陸上部監督。世界陸上などのテレビ中継で解説者・リポーターとしても活躍されているので、ご存じの方も多いことでしょう。現役時代は、185㎝の長身と豊富なスタミナを生かしたダイナミックなパフォーマンスが特徴でした。

同期の伊東浩司さんらと達成したアトランタ五輪での4×400mリレー5位入賞、1997年世界室内選手権での400m銅メダル、という実績が示すとおり、フラットでの抜群の走力を最大限に生かされたのが苅部さんでした。

一方、ハードルを跳ぶ技術に関して天才的だったのが斎藤さんでしょう。普通は、どちらの足で踏み切ったほうが跳びやすいという利き足があるものですが、斎藤さんは、右でも左でも、同じようにスムーズに跳ぶことができました。レースの後で、何台目のハードルをどちらの足で跳んだのか聞かれても、

「うーん。そんなこと、覚えてないよ」

と答えたそうです。

踏み切りを合わせるのに四苦八苦するレベルの選手からしてみれば、「どちらの足で跳ぶか意識しないでも自然に跳べてしまう」というのは、とても考えられない雲の上の境地なのです。

その名人芸の象徴が、1998年の日本選手権400mハードルでマークした48秒64。日本人で初めて49秒の壁を破ったのが斎藤さんでした。

元祖〝侍ハードラー〟

苅部さんの走りも、斎藤さんのハードリングも、日本ハードル界の財産であり、もちろん、私も大変参考にさせていただきました。しかし、ビッグ3の中でも私にとって最も勉強になったのは、山崎さんの流儀です。

山崎さんは私と同じように小柄で、そのためにスタートからエンジン全開でかっ飛ばす、というスタイルに徹し、それまでの常識を打ち破った革命児でした。

常識とは、

「400mハードルは長身選手でないと大成しない」

という考え方です。つまり、背の高さ＝足の長さ＝ストライドの大きさがなければ、日本人よりそれが大きい欧米の選手に対抗できるはずがない、という先入観です。

山崎さんは、この常識を、

「スピードのアドバンテージで勝負する」

というアプローチによって見事に引っくり返したのです。

なぜスタートから飛ばすかというと、スピードに乗ることでストライドを最大限に広げるためです。スピードとは回転数×歩幅ですから、スピードを出せば、回転数は同じでも歩幅を伸ばすことになるのです。つまり、小柄で小回りが利く、という自分の特性を目いっぱい出し切りながら、同時に負っているハンディを補うことができる作戦が、一見無謀な玉砕戦法とも思えるこのスタイルなのです。

私も山崎さん同様、スタートから全力で飛ばすレース・スタイルで、外国人選手から〝侍ハードラー〟と半ばあきれられていますが、その元祖は山崎さんだった、と言えるでしょう。

先入観にとらわれることなく、新しい方法論を模索して、それまでの概念を引っくり返してしまった山崎さん。1995年世界陸上イエテボリ大会では、400mハードルで日本人初のファイナリストとなり、7位に入賞しました。

2001年の引退後は、福岡大学講師、日本陸上競技連盟の強化委員会ハードル部長として後進の指導に当たられています。

スピードの苅部さん、テクニックの斎藤さん、そして戦略の山崎さん。日本を代表するハードラー、ビッグ3が、同時代にそれぞれ独特のアプローチで大活躍されたことは、「ハードラーに必要な要素は何か」を考えるうえで示唆に富んでいるように思います。

また、お三方とも、欧米でのハードラーのイメージにふさわしい、研究者肌のインテリであることも付け加えておきます。

王道100mへの未練

さて、ハードル競技を始めようと決意した私は、その数ヶ月後、地元の広島国体で400mハードルにエントリーし、49秒09で優勝しました。このタイムは高校生新記録、日本ジュニア新記録で、世界ジュニアでも当時の歴代2位という望外の好結果でした。

しかし、だからといって、「ハードル一直線」というふうに心が定まらないのが人間の難しいところです。私はその国体で、400mのフラットレースにも出場し、これも高校新記録の45秒94で優勝しました。この時点ではまだポテンシャルの貯金があったわけで、フラットレースに見切りをつけるのがためらわれたのです。

本音を言えば、今でも、

「できれば100mで勝負したい」

という願いは少なからず私の中に残っています。陸上競技の王道はやはり100mという思いを、かつて王道でスポットライトを浴びた快感を、完全には捨て切れないのです。

たとえが適切かどうかわかりませんが、先発完投が当たり前だったエースピッチャーが、セットアッパーに転向するようなものでしょうか。セットアッパーも大切な役割というのはわかっています。でも、だれにも汚されていない、まっさらなマウンドに立ってプレイボールの声を聞き、その場所をゲームセットまで守り抜く、という理屈抜きの快感は容易に忘れられない……そういう心理にも似た未練です。

この未練を、何としても断ち切らなければなりませんでした。なにしろ、早熟型でもうたいした成長は望めないうえに、自分には短距離ランナーとして致命的な欠点がありました。

ふくらはぎが太くて、ピッチが上がらない――。つまり、足に余分な重りがついていて、速く回転させられない作りになっているのです。回転が上がらなければ、車両の仕組みと同じように、出だしの勢いが劣ります。100mでは、それは致命傷です。

その代わり、私の体は、ある程度長い距離の間にじわじわとスピードを上げていくのに向いていました。

トラックで負けるのが嫌なら、世界の舞台へ挑んでいくためには、絶対に路線変更が必要でした。自分に向いているのはハードルなんだ。これからずっとハードルをやっていくんだ。そう自分を納得させるのに、ずいぶん時間がかかりました。法政大学に進学してからの4年間は、いま振り返ればそうした闘いが大きなウエイトを占めていたように感じます。

短距離からハードルへの転向は、そう例がありません。400mを専門としていたランナーが400mハードルに転向するならともかく、私のように100mでそれなりの結果を残した選手が、200m、400mを走るようになり、さらに400mハードルを本業にする、といったケースは極めて異例なのです。

それが心の支えになりました。常識を破るチャンスを得たのだ、と私は自分に幾度となく言い聞かせました。

専任コーチ不在の理由

常識破りといえば、専任コーチがいない、という私のスタイルは、欧米も含めて珍しいものです。

法政大学入学時から現在に至るまで、私は一貫してコーチの指導を受ける形をとらず、トレーニングのやり方も量も、すべて自分自身で研究し工夫してきました。もちろん、わからないことがあれば監督やコーチ、諸先輩に教えを乞いますし、客観的なアドバイスも頂きますが、それは私が必要と考えて自ら求めるのであり、待っていて上から降りてくるものではありません。

中学・高校の部活動時代にも、何かを強制されたことはありませんでした。ただ一つだけ、中学生のときは走ることを週に2日だけしか許されず、あとの日は、砲丸投げや走り高跳び、走り幅跳びなど他種目の練習を課せられたほか、サーキットトレーニングをやったり、サッカーボールを蹴ったりと、全身をバランスよく鍛えるメニューが組まれていました。

他の生徒は普通にそれぞれの専門種目に取り組んでいたので、どうやら、私のポテンシャルを見込んでくれた顧問の河野先生、長谷川先生が、可能性を引き出すためにスペシャルメニューを組んでくれたようです。

おかげで、グラウンドを何十周走るなどという、ありがちな〝苦しむための練習〟を経験することなく、私は毎日、部活動を楽しみ、成長することができました。たまたまいい先生にめぐり合ったのが幸運だった、と感謝しています。

自分で考え、自分で決めたことを、自分の体で試していくのは、実に楽しい作業です。

自分の体を一番よく知っているのは、ほかならぬ自分。どんなパフォーマンスを理想とし、そこに向かってどんなトレーニングをしていくべきか、それが最もよくわかるのも自分であるはずです。

どんなに優れた指導者に恵まれたとしても、自分の思いとのギャップは必ず出てくるでしょう。そういう部分で迷ったり葛藤したりでムダなエネルギーを使うくらいなら、あらゆるリスクを自分で引き受けて、自分の思い通りにやったほうが気持ちが集中できますし、覚悟が固まります。

遠回りすることだってありますが、どんな失敗をしても、必ず自分レベルにまで原因を落とし込む作業を繰り返していくと、同じ過ちを犯さなくなるのです。原因と結果が自分の中で結びついて、改善策が大変クリアに見えてきます。

人間が一番痛いと思うのは自己嫌悪です。そして、その他の何よりもその痛みが、同じ間違いを繰り返させません。責任の所在を曖昧にできない一人《セルフ》コーチは、プレイヤーとして、またコーチとして、二重の自己嫌悪が襲うのです。しかし、それこそがトレーニングを洗練させるのに最も重要なことで、自分がそれを選択したという過去が必要なのです。

自分には何が足りないのか。それを解決するためには、何をすればいいのか。

それを自分の脳で突き止めた上で行なうトレーニングは、上から降りてきたメニューをこなしている場合とは、効力が雲泥の差になるのです。

自分を最も効率よくコントロールできるのは、やはり自分であることを、選手はみんなよく知っています。それでもコーチに身を委ねるのは、そのほうが心安らぐからではないでしょうか。コーチの指示に従っていれば、結果がどう出ても、二人で分かち合うことができるからです。

その気持ちは私にもよく理解できます。けれども、私は、自分で考えるという最高に面白い作業を、もったいなくて人に渡したくはないのです。

「速く」ではなく「滑らかに」

ハードルを始めてから現在までの10年間で、私の走り方や跳び方は、だいぶ変わってきたと思います。

常識を疑い、昨日までの自分を疑い、よりよいアプローチを求めていくと、常に改良作業が必要になってくるものです。

そのために、自分のパフォーマンスを映像でチェックし、真正面から横から、ためつすがめつ観察して、フォームを修正していきます。

たとえば、ハードルを跳んだ時のつま先の角度が少し開き過ぎている、と感じたとします。これをもっと閉じるためには、なぜ開いてしまうのかがわからなければなりません。そこで、原因を考えると、その一つ前の動作、足を振り上げるところですでに足が斜めになっていることに気付きます。

では、なぜ足が斜めになるのか？　フラットでの走りで、腕を振り過ぎて体そのものが開いていたことがわかる……という具合に、フォームをいじっていくと、本当にきりがありません。

また、そのようにしてさまざまな因果関係を研究していく過程で、

「そもそも、つま先の角度はどの程度開いているのが一番自分の体には適しているのか」

という〝そもそも論〟が始まったりして、考えるべきことはいくらでも出てくるのです。

頭の中はいつもハードルのことでいっぱいなので、世の中の何を見ても「これはヒントになるな」と結びつけてしまうことにもなります。

他の選手の走り方や跳び方は当然研究対象で、大学入学当初は、山崎さんのマネをすることから始めました。全開のスピードに乗り、滑るようにハードルを越えていく、そのテクニックをマスターしたかったのです。

４００ｍハードルは、流れが止まらないこと、ハイスピードを維持することが大切な競技です。これが１１０ｍハードルであれば、とにかく速くハードルを越えることが要求されますが、４００ｍハードルでは「速く跳ぶ」というよりも、山崎さんのように「滑らかに跳ぶ」のです。

理想は、まるでハードルがないかのようにスムーズに、４００ｍを走り抜けること。４００ｍのフラットレースと同じタイムで走るのが究極です。そうすれば46秒くらいで走れて、これは世界新記録。金メダルが獲れるわけです。

そういう境地に達するためには、「ハードルの上で休む」ことができなければなりません。全身の力が抜けて、すべての筋肉が収縮を止《や》め、スピードとスムーズな動きをいっさい阻害することなく、着地したいのです。

〝チーター走法〟から〝ハイハイ走法〟まで

また、フラットでの走りも、極力力を抜いて走りたい。カール・ルイスがロス五輪の200m準決勝で見せたパフォーマンスが、私の中には「理想的な走り」のイメージとして常にあります。ゆっくり、本当にゆっくりと動いているように見えながら、彼の競技生活で何番目かの好タイムになった、あの走りが忘れられないのです。

力を出そうと思うこと自体に、スムーズな動きを阻害してしまう弊害があるのではないか。

動こうとして動いているのではない、速く走ろうとして速いのではない——そういうところに、走るコツ、走る奥義みたいなものがあるのではないか。

そんなことを考えているうちにふと思いついたのが、動物の動きをマネてみよう、ということです。

動物は、速く走ってやろうと考えたり、力んだりしません。自然に、本能のままに、最も無理なく効率のよい動き方をしているはずです。

最速の動物であるチーターに目をつけました。やや猫背で、背中をねじるように走るのがチーターの特徴です。いかにもムダのない、シャープな走り。また、横から見るとよくわかるのですが、踵《かかと》が浮いています。これらを意識した〝チーター走法〟を試してみたのです。

その頃はちょうど、「地面に足の裏を全部つけた方がいい」という考え方が流行っていましたから、〝チーター走法〟はその逆を行く面がありましたが、いい感じで走れました。

筋肉に頼るのでなく、着地したときの反発力を腱で受け止めて、それを推進力に変えるコツが少しつかめたと思いました。

次にやってみたのは、ファッションモデルの歩き方を取り入れた〝モデルウォーク走法〟です。両足を一直線上に進める、あの独特の歩き方をすると、ストライドを広げられることに気付いたのです。

チーター走法は横からの観察から生まれたものでしたが、モデルウォーク走法は正面から観察して得た着想です。

実際にこれを試してみると、一歩につき1㎝、距離を稼ぐことができました。たった1㎝、と思われるかもしれません。けれども、400mハードルのレースを走ると、私の場合163歩かかるのですから、レース全体では、163㎝違ってくる計算になります。スピードがそのままなら、163㎝分も速くなるのです。

実感としても、ハードルを跳ぶのが楽になりました。通常、1台目から5台目までのハードル間の歩数は13歩で、13㎝もハードル間を短く感じられると随分違います。

最近のチャレンジだと、魚の泳ぎ方をモチーフにした〝クネクネ走法〟があります。高速で走っていると、腕や足の動きに体が振り回されてバランスを崩すことがあり、これを防ぐために思いつきました。

振り回される前に、あらかじめ反対の方向に体の重心を移動して走るのがポイントで、この動作を連続してやると、泳ぐ魚のように体がクネクネするのです。

モデルウォーク走法もクネクネ走法も、体をねじる走り方になります。これは、すでに書いてきた「一本の棒になって走る」という現在のセオリーからは外れた体の動かし方であり、人にはお勧めできませんが、私にとっては効果がありました。

昨年あたりから試しているのは、姪《めい》を観察していてヒントを得た〝ハイハイ走法〟です。赤ちゃんがハイハイをするときのように両腕を大きく使って、空気を後方へかき出すようにしながら走るのです。タイミングがうまくいくと、ストライドが伸び、スピードも落ちません。

女子マラソン世界記録保持者のポーラ・ラドクリフ（英国）も、見ようによってはハイハイ走法に近い動きをします。

〝ハードルなぎ倒し男〟への共感

ハードル競技では、ハードルが倒れてもかまいません。〝ハードルなぎ倒し男〟と呼ばれているアレン・ジョンソン（米国）などは、腿《もも》でハードルを引っ掛けて倒しながら走ることで有名で、アトランタ五輪110mハードルの金メダルをはじめ、世界陸上の同種目では二度の連覇で合計4つの金メダルを獲得しています。

「まるでハードルがないかのように走り抜ける」という理想を、「ハードルの上で休む」私とはまるっきり正反対の発想で実現しているのがこの選手かもしれません。

ただ、国によってハードルの素材は微妙に違っていて、比較的柔らかい素材を使いクッションも入れている米国だからこそのスタイル、ということも言えます。日本製のハードルだと、痛くて耐えられないでしょう。

また、当たり方によっては、やはりスムーズな動きを阻害されるリスクもあります。事実、彼はシドニー五輪決勝では、すべてのハードルをなぎ倒すという、ある意味ベストパフォーマンスを見せながら4位に終わっていますし、アテネ五輪では予選でハードルにつまずいて途中棄権し、決勝に進めませんでした。

しかし、ともあれ、常識にとらわれない発想力と実行力には敬意を表します。

より速くゴールに到達するために、あらゆる先入観を疑い、自分が「これだ」と信じたことを突き詰めていく、その行き方には大きな共感を覚えるのです。

ハードル競技は、陸上競技の中で最も不自然な動きを強いられる競技です。その分、技術面での隙間や、そもそもの発想に〝遊ぶ〟余地があるとも言え、工夫を凝らし、奇策を弄していくことが可能なのです。

そこがたまらなく面白く、私に向いていると思います。

始めたときは、王道からはずれる挫折感に苛《さいな》まれましたが、なんのことはない、行き着くべくして行き着いた、自分が歩むべき道だったのだ、という運命的なものさえ感じるのです。

ハードルを始めてからこの10年間で、ワクワクしながら、私はずいぶんいろいろなことを試してきました。

「昨日より速い自分」を目指し続けてきました。

日々変化している自分の肉体と技術、進化を深めるスポーツ理論、それらのバランスの中で、その時点の自分に最も適した走法やトレーニングを模索し続け、時には昨日の自分を疑い、自分の理論を否定しながら、現在に至っています。

自分の骨格をどうやって速く動かすか、終わりなき試行錯誤が、私は楽しくて仕方ありません。

専任コーチの指導を受けない、という大学入学以来の私の方針は、やはり正解だったのだと思います。

自分をプログラミングしていくという、こんなに〝おいしい部分〟を人任せにするなんて、私にはとても考えられません。

第五章　13歩を究める

“失速型”のレース戦術

10台のハードルが35m間隔で並ぶ400mハードルのレースを走るとき、私の歩数は必ず163歩と一定しています。

そういうふうに体にプログラミングしてあるのです。体が覚えています。

スタートから最初のハードルまでの45mが21歩。そこから5台目までの間はそれぞれ13歩で走り、6台目までと7台目までが14歩、そしてラストの10台目までは15歩ずつになり、最後の直線40mが17歩です。

アテネ五輪400mハードルの金メダリストで、2001年と2003年の世界陸上を連覇したフェリックス・サンチェス（ドミニカ共和国）は何歩で走るのか、聞いてみ

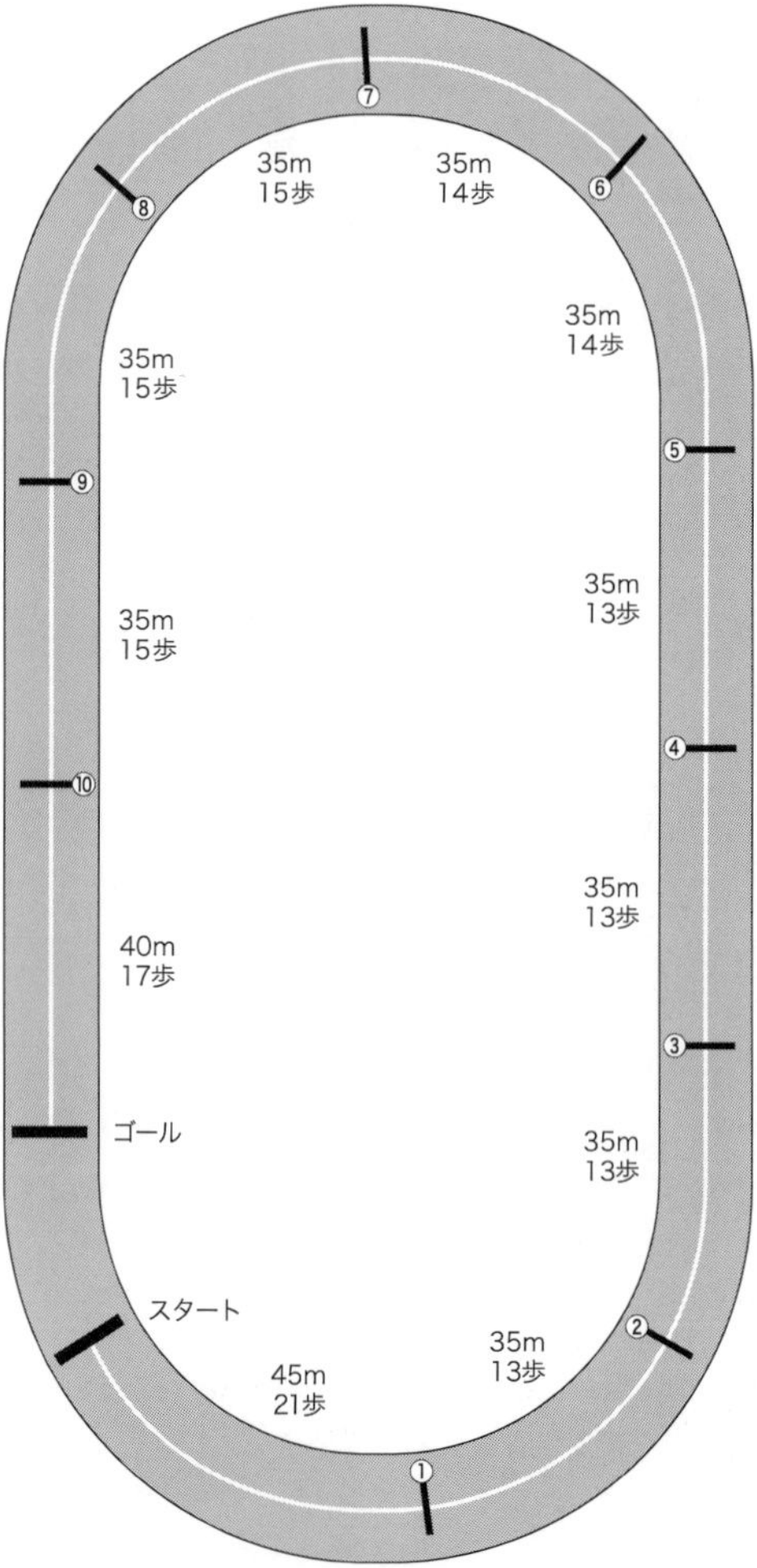
スタート
45m
21歩
①
35m
13歩
②
35m
13歩
③
35m
13歩
④
35m
13歩
⑤
35m
14歩
⑥
35m
14歩
⑦
35m
15歩
⑧
35m
15歩
⑨
35m
15歩
⑩
40m
17歩
ゴール

たところ、こんな答えが返ってきました。

「13歩……くらいだと思うよ、たぶん」

その口調は自信がなさそうで、表情は怪訝《けげん》そうでした。

(そんなこと覚えてないよ。変なことを聞く日本人だな)

とでも思っていたのでしょう。

彼らにとっては、歩数も歩幅も、関係ないのです。走っていって、何となくタイミングを合わせて利き足でバッと踏み切る、その繰り返しで400mを乗り切りさえすればいいのです。

まったくうらやましい。私はそういうわけにはいきません。できる限りトップスピードを殺さない滑らかな走りを実現するためには、ギアチェンジをしながら、歩幅を変え歩数を変え、踏み切り足さえ変える必要があるのですから。

最初のハードルを越えるときに一番手で通過しなければ勝機のない私は、スタートから一気にトップギアに入れて、1台目あたりでトップスピードに達します。このスピードを維持できるのは5台目までで、あとはいかに減速の幅を抑えるかの闘いになってきます。

他のほとんどの選手がレース後半に勝負をかけてくる〝加速型〟なのに対して、私はあえて、後半にスピードが落ちるのを覚悟して前半戦からエンジンを全開する〝失速型〟。その400mの間には、さまざまな微妙な調整が必要となってくるのです。

利き足と支え足

私のハードル間の歩数が、前半から後半にかけて増えていく点に注目してください。歩数が増えるということは、その分歩幅、つまりストライドが小さくなっているということ。スピードが徐々に落ちていく分だけ、ストライドが縮むのです。

1台目から5台目まで約2・7mだった歩幅は、5台目から7台目までは約2・5mになり、ラスト3台では約2・3mにまで縮んでいます。ちなみに、スタートから最初のハードルを越えるまでの歩幅は約2・1mですが、これは、スタートから45mの間にトップスピードに達するために、ピッチを意識して歩幅を小さくしているのです。

詳しくは後述しますが、ハードル間の歩幅を合わせるのはなかなか難しい作業で、ハードルを引っ掛けて転倒するような致命的なミスは、多くの場合、ここに由来していま す。ハードルを跳び越える時の型自体は、練習量さえこなせばどの選手でも固まるもので、問題は、正しいポイントで踏み切れるようにハードル間の歩幅を刻めるかどうか、なのです。

ですから、できることなら、すべてのハードル間を同じ歩数で走りたいのです。しかし、失速型のレース運びをせざるを得ない私は、減速に応じて、歩幅を減らし、ピッチを上げて、歩数を増やすという面倒な調整をしなければなりません。

これに伴って、ハードルを越えるために踏み切る足を途中で変える必要も出てきます。通常は右足で踏み切るところを、6台目だけは左足で踏み切るのです。第3コーナーに置かれている6台目のハードル。これを越えるとき、私は利き足とは逆の左で踏み切ることになります。

斎藤さんのような名人は別格として、利き足で跳ぶか逆足で跳ぶかは大きな問題です。ランナーたるもの、必ずどちらかが利き足で、もう片方は支え足なのであり、実は100mの選手でも両足を均等に回転させているわけではありません。

極端に表現すれば、利き足で踏み切って逆足では体を支える、その動作の連続なのです。コーチによっては、両足を区別して別々のトレーニングを指導する人さえいます。アフリカ系選手は特にその傾向が強く、真正面からレースを見ていると、利き足と反対方向に体が激しく揺れるのがよくわかります。カール・ルイスもそうでした。

彼らに比べれば、日本人選手の多くはそれほど極端ではありません。なかでも私は逆足での踏み切りはそう苦にしないほうですが、それでも利き足でのハードリングより何割か完成度が劣るのは確かで、すべてのハードルを利き足で跳べればそれに越したことはないのです。

カーブの5台が勝負を決める

利き足の問題とは別に、「カーブにあるハードルはどちらの足で踏み切ったほうが得か」という科学的な視点があります。

今の理論では右足と左足両方の考え方がありますが、日本ではいま、右足踏み切りが主流になっています。レーンの外側を回って内側に切れ込みながら、遠心力を利用して右足で踏み切るほうがスピードを殺さないですむ、という考え方です。

一方、海外では左足踏み切りが有利と言われています。トラックは左回りなので、カーブでは体が左に傾いていて、右足で踏み切り左足を上げようとする動作は窮屈なのです。それなら、左足で踏み切り右足を上げてスムーズに跳んだほうが得ではないか、というわけです。

この場合、ずっとインサイドを通っていって、右肩を前に出しながら、ハードルに対して真正面に向かず、斜めに跳び越えていく姿勢になります。

両者を比較すると、スピード重視が右足派、跳びやすさ重視が左足派、というふうに考えることができるでしょう。

右足説にも左足説にもそれなりの理屈があるわけで、あとは個々の選手が、利き足かどうかとの関連を考慮したうえで選択すればいいのですが、いずれにしても、直線でのハードリングよりカーブでのそれのほうがやはり難しく、巧拙にも差が出てくる重要ポイントであることは確かです。

カーブに置かれたハードルは全部で5台。特に後半の勝負どころになる6〜8台目をどう乗り切るかは、勝負の行方を大きく左右することになります。

並んでいる10台のハードルは全部同じではありません。それぞれに少しずつ、微妙な役割の違いがあるのです。

1台目は必ずトップで

1台目は、私にとって、6台目、10台目とともに特別重要なハードルです。スタートしてカーブを曲がりながら21歩目を右足で踏み切り、これを跳び越えたとき、必ずトップに立っていなければならない、そういう1台だからです。

外国人選手は、スタミナが切れる後半のハードリングに不安を感じているため、前半は抑えめに走って力を温存するのが一般的です。こちらとしては、その前半にどれだけアドバンテージを稼いでおくかが勝負なのです。

思い切りかっ飛ばして、リードを取れば取るほど、追いかけてくる他選手の動揺を誘う効果も計算しています。

それから一番の要点は、ここでスピードがついていなければ、向こう正面の直線を大きな歩幅で走りきれなくなります。ですから、一台目までの区間はボウリングの球を投げる助走のようなものです。

次に、第2コーナーに置かれている2台目は、最高速度で越えるべきハードルです。いくらスタートから飛ばしても、トップスピードに達するためには50ｍは必要なので、1台目はトップギアに入る寸前で跳ぶ感じになり、2台目までの35ｍを走る13歩でようやくスピードはマックスとなるのです。

そのために上体がやや起きてくる傾向があり、体が浮いて推進力が上に逃げるため、せっかく達したトップスピードを殺してしまわないように注意しなければなりません。

そして、このスピードを維持しながら直線に入り、3～5台目を越えていきます。ここでのポイントは、風の影響です。強風が吹いている場合、ハードル間の歩幅を微妙に調整する必要が出てくるのです。

センスが表れる〝危機管理〟

風がアゲンストなら歩幅を伸ばさなければならないし、フォローの風なら逆に縮める作業が必要になります。

とはいえ、高速で走っているときに、足の動きを加減してストライドを調整するというのは、非常に難しい作業です。まして、ここはトップギアでエンジン全開、ほんの少しでも減速したくないゾーンであり、力を加減する余裕などありません。

そこでどうするかというと、手の位置を微妙に変えるのです。アゲンストのときには手を少しだけ下げ気味にします。すると、自然に、腕が振れる幅がやや大きくなり、それと連動してストライドも少し伸びてくれます。

フォローのときはこの逆で、手を心もち上げてやれば、ひとりでに歩幅は縮まるのです。

このハードル間の〝危機管理〟に、ハードラーのセンスが如実に表れてきます。センスのいい選手は、風の強さの違いを敏感に感じ取って、13歩のストライドを必要な分だけ均等に増減することができます。

ところが、センスがないとそれができず、たとえば10歩走ったところでようやく、

「まだこんなに距離が残っている！」

と気付き、最後の3歩で無理やりストライドを広げる努力を強いられるはめになります。もっとひどいと、3歩では踏み切りが合わずにちょこちょこと足を刻んだりさえします。

踏み切るポイントのズレは、だいたい前後に10㎝、計20㎝といったところが許容範囲でしょう。つまり、踏み切るべきポイントを足ひとつ分間違えたら、ハードルを飛び越えることは不可能です。前足か後足がハードルに引っ掛かって転倒の憂き目に遭います。前述したように、ほとんどの転倒は、ハードル間の歩幅合わせに失敗し、正しいポイントで踏み切れなかったために起こるのです。

生涯唯一の転倒は9台目

さて、重要地点の6台目。第3コーナーのカーブ、スタートから220m地点です。13歩の歩幅の確保はもはや難しく、カーブに入ることもあって、ここでギアを1つ落とす感じになります。

この1台だけは逆足踏み切りになるので、失敗する確率は一番高いのですが、幸い、レースで引っ掛けたことはまだ一度もありません。

踏み切り足を再び右に戻して7台目を越え、第4コーナーを回り終わって直線に入る手前で8台目を跳びます。8台目地点はスタートから290mで、これは、そろそろ体内の燃料メーターの針がゼロを指し始めようか、という胸突き八丁の地点です。

人間が体内に蓄えられる酸素は、約35秒で使い果たされる、というデータがあります。400mハードルでの私のベストタイムは47秒89。タイム的な目安としては「100mを12秒以内で4本連続して走る」計算ですから、この290m地点に達したあたりで、デッドタイムが訪れるわけです。

もちろん、レース中、まったく呼吸をしていないことはないはずですが、そう多くの酸素を取り込めるような状態にはなく、実感としても、8台目あたりからはかなり疲れてきて、9台目を跳び越えたあたりでほぼ意識が無くなる状態となります。

私が生涯で唯一失敗したハードルは9台目でした。2000年シドニー五輪の予選で1レーンからスタートし、作戦通りにトップを走り続けていた私は、9台目を跳ぼうと踏み切った瞬間に突風にあおられて体が浮き上がり、バランスを崩してしまったのです。

あ、と思ったときにはもう修正がきかず、振り上げた左足をひっかけて転んでしまいました。

まだ大学4年の経験不足で、風への危機管理ができていなかったせいでしょう。レース前に雨が降り、風向きがふっと不規則になったのを感じてはいたのです。スタートラインに立ったときも、「風が舞っている」とぼんやり思いながら、だからどういう備えをしよう、というところまでは考えられませんでした。

400mを300mに

9台目でコケたのは本当に悔しかったし、情けなかったです。ここからいよいよ体に酸素が残っていない燃料ゼロ状態、それを根性でとことん粘るという本当の勝負が始まる、というところで事実上、レースが終わってしまったわけですから。

粘っていれば、最後の直線、9台目、10台目のハードルで何が起きるかわかりません。私を追い抜いていくはずの選手が失敗して、トップのままゴールできるかもしれないわけです。

一般的には、このラスト2台が、最も危険なハードリングとなります。頭が真っ白の無意識状態では、長い足が邪魔になり、また体の構造上足が上がりにくい外国人選手は、コントロールが非常に難しくなるのです。だからこそ、少しでも余力を残したくて、前半で力を温存せざるをえないのが彼らです。

ところが私は、どんなに意識が朦朧としても、9台目、10台目への15歩は体が自然に正しい反応をしてくれるようになっています。どんなに疲れていても、ピッチが変わるだけで、ストライドは絶対に変わらない自信があるのです。踏み切りだけはピッタリ合う自信があります。

これは400mハードラーとしてのかけがえのない武器だと思います。これがあるからこそ、私は安心して失速型のレース戦術を採ることができます。

言ってみれば、他の選手が400mのレースを走っているのに対して、私は300mのレースを走るつもりでスタートラインに立っています。とにかく300mまでをきっちりトップで走り切ること。後は野となれ山となれ、残り100mは半ば意識を失いながら、魂でしのぎ切る。それが私のスタイルなのです。

それだけに、9台目での転倒は痛恨でしたが、このシドニーでの屈辱があったからこそ、いまの自分があるのだとも思います。

五輪の教訓

ハードル競技においては、失敗に偶然はない、と私は考えています。結果には必ず原因があるはずで、それを調べ上げ、対処法を考えて、トレーニングにフィードバックしなければなりません。

シドニーでの教訓は「キャリア不足」でした。あのような失敗を二度と起こさないためには、どんどん海外に出て、世界の舞台でのキャリアを積み重ねるべきだ、そう結論を出して、私は翌2001年から欧州グランプリに参戦することにしました。

すると、競技場ごとに風の吹き方に特徴があることがよくわかりました。いつも同じ方向の風が吹くところもあれば、スタート地点とバックストレートではまったく逆の方向から風が吹くところもあります。

そうしたさまざまなケースを経験していくことで、風に対処するバリエーションはずいぶん増えました。

２００４年アテネ五輪での準決勝敗退にも教訓はありました。私は直前の調整を誤りました。本当は体を休めるべき期間に、張り切りすぎてオーバーワークを課してしまったのです。

この失敗から、休むことの大切さ、勇気を持って何もしないことの必要性を学びました。

試合前の仕上げには、数日前に１本だけ、ハードルを跳びます。アテネ五輪以降は本番４日前にやっていましたが、今年からはたぶん５日前にやることになると思います。そして来年からはこれが６日前になるかもしれません。年齢を重ねて体の回復が遅くなった分を考慮してのことです。

距離は３００ｍ、ハードルは８台です。つまり、私のレースの組み立て通り、４００ｍではなく、３００ｍのレースを本番前の仕上げでもやっておくのです。

練習では、いくら気合を入れても、本番のようにはアドレナリンが出ません。本番同様のスピードも出ないわけで、それなら無理に同じ距離を走っても仕方ないと私は思います。

私の場合は、特に、8台目を越えた後は根性だけでレースを走るので、仕上げの練習で8台目以降を走っても効果がないのです。

練習を休む勇気

これは、「いかに本番と同じスピードを仕上げの1本で出しておくか」というスピード重視の考え方ですが、一方では、「本番と同じ負荷の距離を走っておく」というスタミナ重視の考え方をする選手もいて、その場合はフラットで450mくらいを走るケースが多いようです。そうすると、心肺機能的には、試合での400mハードルにほぼ相当する、と考えられるのです。

450mというのは、陸上選手が練習時にけっこう好んで走る距離です。私も試合の10日前には1本走っておくことにしています。450mを一気に走るか、あるいは、250mを走り、50m戻って、さらに200mを走る「250m＋200m」、そのどちらかを必ず行います。

こうして強い刺激を与えておくと、その刺激が長い距離への耐性を強め、それが10日間くらいは持つと言われているからです。

試合を直前に控えた10日間の中で行う練習は、この2本だけです。10日前の450mと、5～6日前の300mハードル、この2本以外はほとんど走りません。

あとは本当に何もしないで、完全に体を休めることに専念します。競技場に足を運んでも、ストレッチをしたり、散歩しながら他の選手の練習をながめたりする程度です。

そうしていると、自分の体にエネルギーが溜まっていく感じがします。全身のバネが引き絞られて、解き放たれる瞬間を待ち望んでいるイメージが湧いてきます。

ここまで極端に試合前に体を休める選手は珍しいのではないでしょうか。

休む、というのは勇気が要る行為で、私も3年前までは、決めの2本以外にも多少練習をしていました。特に2004年のアテネ五輪のときは、シーズン中に腰を痛めて練習量に不安が残っていたため、五輪直前になって合宿を敢行し、120%のトレーニングをしてしまいました。

おかげで体調のピークが来たのは、五輪で準決勝敗退してから1週間後でした。体が回復しきれなかったのです。

この経験をして以降、私の直前調整法は変わったというわけですが、やはり、日常のトレーニングがいかに大切か、ということでしょう。量的にも質的にも十分な練習を積んできた、と自分が納得できるだけのものをこなしていないと、肝心の本番を直前に控えたとき、思い切って休むという勇気を持つことができないものです。

ピーキングは陸上競技の最重要ファクター

陸上競技の難しさ、そして面白さは、アベレージではなく、一発勝負ですべてが決まる、という点にあると思います。

もし1年間の平均タイムで順位を決めるのだとしたら、私などは世界で10本の指に入れるかどうか、といったところでしょう。しかし、この日このレースの勝負ですべてが決まる、という舞台があるからこそ、さまざまな不確定要素が絡み合って、私のような選手にもメダルを狙うチャンスが出てきます。

不確定要素には、天候、風などの外的なものと、心身のコンディションをいかにしてピークにまで高めてスタートを迎えられるか、という自身の内的なものがありますが、これらを克服するためには、やはりキャリアがものをいってきます。どれだけ多くの経験を積み、どれだけ多くの教訓を得たかで、大きな差が出てくるのです。

外的要因については、自分ではコントロールできない、運任せの部分もある程度は残ってしまいます。しかし、ピーキング（調子の波をコントロールすること）のほうは、陸上というスポーツの最も大きなウエイトを占める重要なファクターと言っていいと思います。

人間の体は微妙です。自分の体はわかっている、と思っていても、実はどこまで理解しているのか、疑問です。「調子がおかしい」とはっきり感じたときにはもう手遅れで、これを元のいい状態に戻すためには大変な時間を要します。

そうならないうちに、悪くなり始める兆しをいち早く感じ取ることが大切なのです。プロ棋士が早い段階でその後の展開を読んでいるように、なんでもないかのように見える時に、いかに変化の芽を感じ取るかが重要なのです。

そのアンテナを張りながら、私たちは1年先、2年先の本番を見据えて、逆算で体を作っていきます。今（２００７年5月）であれば、２００８年の北京五輪、その前にある今夏の大阪世界陸上にピークを持ってくるように逆算するのです。

大阪の世界陸上の男子４００ｍハードル決勝は、８月28日午後10時20分にスタート予定です。ここにピークを持ってくるためには、まず１月の時点で量的に最も多いトレーニングを積み上げて、最大のダメージを受けている状態に体を追い込みます。

言ってみれば、一回体を壊すのです。なぜわざわざそんなことをするかというと、一度筋肉を壊すほどの負荷を与えてやると、それが回復したときには前よりも高い水準になっているという「超回復理論」によるものです。

超回復の理論は、１週間程度の短いスパンでも、１年間くらいの単位でも有効です。前述した試合直前の２本、４５０ｍ走と３００ｍハードル走も、短いスパンでの超回復を計算に入れたものなのです。

量的に最大のトレーニングをしている1月には、質的な意味は大きくありません。それが、２月頃からは、量を減らして、質の面での負荷を高めていき、３月末頃には、両者がちょうど同じ程度のバランスになるトレーニングをこなしていきます。

本番の5ヶ月前くらいに一度、軽いピークが来る感じです。

4月からは質重視になります。技術面での最終チェックや、集中力などメンタル面でのメンテナンスにも神経を行き渡らせていきます。

ざっとそういう具合にして、心身のコンディションを、一番低いところから約8ヶ月かけて徐々に高め、本番を目指すのです。

北島康介と同じ地で高地トレに挑戦

新しい走法やトレーニングを試すことができるのは、体を最悪の状態に追い込む前までの段階、つまり、狙った試合の約8ヶ月前までになります。

たとえば、2005年ヘルシンキ世界陸上のときには、その年の初めに、高地トレーニングを試しました。

地獄のラスト100mで踏ん張る力をもっとつけたいと考え、標高2100mの米アリゾナ州フラッグスタッフで、約1ヶ月間の合宿を張ったのです。ここは、観光名所のグランドキャニオンから南に130kmの町で、ノーザンアリゾナ大学にある高地トレーニング施設は、世界的に有名です。

長距離走、自転車競技、ラグビー、スケートなどのアスリートが世界各国から訪れ、なかでも水泳選手の利用が多く、北島康介選手ら日本競泳陣も利用しています。

高地トレーニングは、主に有酸素運動に対して効果があると言われています。北島選手の種目は2分程度で終わってしまうので、完全な有酸素運動とは言えませんが、水泳の特性上、無呼吸でいる時間が長いので高地トレーニングは有効なのでしょう。

短距離ランナーに関しては、高地トレがどれだけ効果を及ぼすかは未知数の部分が多く、あまり利用されていませんでしたが、ものは試しと、朝原宣治選手らと一緒に行ってみたのです。

期待したのは、エネルギー効率の面でヒントがつかめるかもしれない、ということでした。

たとえば、足の速い選手とトレーニングをしていて、不思議に感じることがしばしばありました。１００mを何本か一緒に走っていて、こちらが疲れてきても、相手は全然平気で、あと何百本でも走れそうな顔をしている――そうした経験をするたびに、彼らの体ではエネルギーの使われ方が違うのではないか、と思われてなりませんでした。燃費がとんでもなくいいというか、循環運動に近いエネルギーのメカニズムがあるのかもしれない、とさえ思えてきたのです。

もしそれがトレーニングで獲得できる能力なら、ぜひとも欲しい力です。もしかしたら、高地トレにそのヒントがあるかもしれない、と考えて合宿を張ってみたのです。

ただ、効果のほうはまだはっきりしません。心肺機能の面でプラスになったのは確かでしょうし、実際にその年、ヘルシンキで銅メダリストになれたのですから、よかったのかもしれません。しかし、半面、シーズン全体のアベレージは高くなく、自分の中で明確な結論を出すにはさらに検証する必要があると考えています。

そして、今夏の世界陸上、そして来年の北京五輪をにらんでチャレンジしたのは、

「1年間ハードルをいっさい跳ばない」

という荒業《あらわざ》でした――。

第六章　銅から金へ

ハードル封印3つの狙い

2005年8月9日にヘルシンキ世界陸上の400mハードル決勝を走り終えてから、昨年12月19日までの約500日間、私はハードルを1台も跳びませんでした。1年以上もの間、フラットでの走りに専念したのです。

ハードラーが1年以上もハードルを跳ばなかったのですから、間違いなく「奇策」と言っていいでしょう。私の大好きな奇策です。

狙いは主に3つありました。

まず最大の狙いはやはり、スピード強化です。

ハードリングの技術に関してはすでに自分の中では飽和状態に達しており、これ以上タイムを縮めるためには、フラットでのスピードを高める以外にない、と考えました。

2003年のシーズンオフあたりから得ていた「もっと足が速くなる」という感触を徹底的に追いかければ、それは可能なはずだ、という判断もありました。

2つめの狙いは、精神的な落差を作ることです。専門外の種目に取り組むことで、トレーニングも試合も思い切り楽しみ、自分を可能な限り緊張から解放させたかったのです。

体のピーキングで「超回復理論」を用いるのと同じように、精神も極限まで張り詰めるためには、一度完全にリラックスする必要があります。振り子を右に1cmだけ動かせば左にも1cmしか動きませんが、右に10cm動かせば左にも10cm動く。振り幅は大きいほどいいのです。

2007年の世界陸上、そして2008年の北京五輪は、年齢的に私の競技生活の総決算になる可能性が高く、精神を極限まで張り詰めた渾身《こんしん》の闘いにしたい、と思っています。そのために2006年のシーズンでは精神を大幅に逆方向へ持って行き、その反動を利用しよう、という発想です。

3つめの狙いは「忘却効果」でした。これは、継続的に技術を刷り込ませた事柄から一定期間離れ、その後で取り組み直すと、余計なものが省かれてアプローチがシンプルになり、以前よりもよくなる、という効果です。

球技系の種目の選手が怪我などでトレーニングがしばらく出来なかった状態から復帰した時に、最も実力が上がったと感じるというデータがあります。これなどは、忘却効果の最たるものでしょう。

10年間にわたっていじれるだけいじくり回してきたハードリング技術を、500日間忘れてみて、技術的な贅肉《ぜいにく》がそぎ落とされ、真に必要なものだけが残ることを期待しました。

また、ここには、体を一度リセットする、という意図も含まれています。私の体はすでに、ハードルを跳びやすいようなアンバランスな状態になってしまっていて、それがスピードアップやエネルギー効率の面で不都合なこともあるので、一度正常なバランスに戻してみたかったのです。

200mのタイムを0・26秒短縮

ハードル封印の荒業は、もちろん大きな危険性も内包しています。

まず技術面では、いくらハードリングには自信があるといっても、これだけの長いブランクを作れば、営々とプログラミングしてきたソフトに綻《ほころ》びが生じるリスクは決して小さくありません。

フィジカル面でも、アンバランスな状態は、ハードルを跳ぶことに関してはそれが望ましいバランスなのですが、これをあえてリセットするのは、非常にリスキーな試みと言えるでしょう。

私は、これらのデメリットも吟味した上で、それでもハードルを跳ばない500日を選択しました。

理由は、金メダルが欲しかったからにほかなりません。

現状維持でいいのなら、そんな冒険をすることはありません。しかし、私が望んでいるのは現状維持ではなく、「昨日より速い自分」なのです。

銅メダルは世界陸上で2つ取りました。その自分を越えるために必要なのは、金メダルなのです。

そのためには、リスクを覚悟して、「奇策」に打って出るべきだ、と考えました。大きなリターンが欲しいのなら、高いリスクを背負わなければならない――。

この賭けの結果は、大阪世界陸上と北京五輪を待たなければ不明ですが、本書を執筆中の現段階では、とてもいい感触を得ています。

フラットでの２００ｍのタイムが０・26秒も速くなりました。４００ｍハードルでの僕の自己ベストは47秒89ですから、単純換算では、47秒37で走れるようになったということです。47秒37――。これは、２００４年アテネ五輪でサンチェスが優勝したタイムをはるかに上回るのです。

もちろんタイムは水物で、単純な比較はできません。しかし、10年ぶりの自己記録更新は、体力面の成長ではなく、技術の向上を確信させます。

これだけのスピードを殺さないハードリングさえできれば、狙えるメダルの色が「銅」から「金」へと昇格することは間違いないのです。

心身のリセットに成功

そのハードリングのほうも、どうやら心配要りません。2006年末、約500日ぶりにハードルを跳んだときは、踏み切るときにやや恐怖感がありました。スピードが速くなったうえに、体の上下動が非常に小さくなっていて、跳びにくさを感じたからです。ハードルを跳ぶということは、上下動を必要とします。それが昨年一年間フラットを走り続けたことで、上下動がなくなっていました。それはハードルを跳びにくくはしましたが、もし現在の走法とハードルが組み合わされれば、上下動の少ない新しいハードリングが生まれる予感がしています。

10年間に及ぶプログラミングはダテではなかった、と胸をなでおろす思いです。リセットされた体のバランスも、幸いいいほうに効果が出ています。具体的に目立って変わった点は、走行時の両足の幅が腰幅くらいにまで広がったことです。昨年まではもう少し狭かったのです。

これによって、体感として、走りやすく、スピードに乗れる感じが出てきました。

ほかにも、ハードリングの時に、これまでは着地する左足のつま先がやや内側を向いた状態だったのがスクエアに着地できるようになったことや、体の左サイドが前へ出ていたのが左右均等にねじれるようになったことなど、微妙な変化はいくつもありますが、それらをトータルに考えるとプラスになっていると思います。

さらに、メンタル面。狙い通りにかなりリフレッシュできました。何よりも、10年ぶりにフラットの走りに専念した毎日はやはり新鮮でしたし、また、ハードル封印の試みの結果、好感触を得たことで、

「これはホントに金メダルを狙えるかもしれない」

という掛け値のない高揚感が充満してきたこともいい兆しです。

若干の誇大妄想癖があることは認めますが、私が自分の中で手ごたえを感じるときというのは、自己暗示によるものではありません。根拠がなければ、さすがに自分に信じ込ませるのは不可能です。腹の底からひとりでにふつふつと自信が湧き上がってきて、全身を満たしてゆくのです。

そして、そうなったとき、過去の経験では、妄想したシーンはほとんど現実のものとなっています。

自信があったエドモントン

2001年のエドモントン世界陸上のときがそうでした。

私の前評判はまったく高くありませんでした。タイム的にはメダルを狙えるような選手ではなく、前年のシドニー五輪での転倒予選落ちという〝前科〟も嫌われたのでしょう。

しかし、私は内心、

「悪くても決勝に残って6位、うまくいけば3位にはなれるかもしれないぞ」

と自信を持っていました。

根拠もありました。世界陸上の約1ヶ月前、私は欧州グランプリに初めて参戦し、8日間で4レースを走りました。結果はローマで3位、ザグレブで優勝、ローザンヌで3位、パリで5位。世界のほとんどのトップ選手と手合わせをして、自分で予想していた以上の戦績を挙げることができたのです。

世界が相手でも臆することは全然ない。世界陸上でも必ずいい勝負ができる。そういう確かな手応えがありました。

勝てそうもない相手をピックアップしてみました。グランプリに出場していなかった強豪を含めても、5人しか数えられませんでした。そのうち、サンチェスとファブリツィオ・モリ（イタリア）にはどう転んでもかなわないと思いましたが、シドニー五輪銀メダリストのハディ・スアーン・アル・ソマイリー（サウジアラビア）ら3選手と自分との差は紙一重に過ぎない、と意を強くしました。

そうして臨んだエドモントンで、私は、予選も準決勝も余力を残しています。予選から極限状態で失敗したシドニー五輪を反省して、決勝でベストパフォーマンスをするために力を温存したのです。

下馬評で〝無印〟の選手がやることではありません。10年間のハードラー人生でも、世界大会の準決勝で余力を残して走りきったのは、あれが最初で最後でした。あのときの私はそれほどコンディションがよく、自信がありました。

決勝直前になっても、緊張感よりもむしろ、「なんとかしてメダルを獲ってやる」というギラギラした野心が上回っていたと思います。

メンバーを見渡すと、〝勝てない相手リスト〟のうちの二人が抜け落ちており、ハディさえ抑えれば3位に入れるはずだ、と胸が高鳴りました。

銅メダルの翌日にグランプリ出発

スタートの合図が聞こえ、私は溜めていたエネルギーを全開に解き放ちました。7台目までをトップで通過しました。8台目でハディが自分より少しだけ前に出たのを横目で見ました。意識が薄れかけ、はっきりとは見えなくなった10台目を半ば無意識で跳び越えました。

そして、最後の直線でのもがき。アゴを上げて倒れこむようにゴールに飛び込んだとき、視界の隅に、バタバタと暴れるハディの足が映ったような気がします。

一度は抜かれたハディを、ラスト100mのもがきで、再逆転できたのです。

サンチェス、モリに続いての3番目のゴールは、47秒89の自己ベストで、2日前の準決勝でマークした日本記録を0秒21上回っていました。

レースが終わって選手村に帰っていくと、日本選手団が集団ヒステリーにでも陥った

2001年エドモントンで行われた世界陸上。

ような大騒ぎになっていました。決勝に残っただけでも上々と思っていた選手が、日本人男子で初めてトラック競技のメダルを獲ってしまったのですから、舞い上がるのも無理からぬ話です。

私自身も夢見心地でした。自分が本当に銅メダルを獲ったんだ、と改めて実感が湧いてきたのは、翌朝、日本からの大量のファクシミリを受け取ったときです。

「為末、銅メダル！」

という大見出しが踊るスポーツ紙などの記事が束になっていました。

これを読みながら、私は約10時間かけて、スイスのチューリッヒへ移動しました。決めてあった予定通り、欧州グランプリに出るためです。試合をキャンセルして凱旋帰国してはどうか、という打診もありましたが、メダルを獲れたからこそ、このまま日本へ帰るのはやめよう、と考えました。

自分が勘違いしてしまうのが恐かったのです。いくら冷静でいようとしても人間は弱いもので、みんなにちやほやされていると、ついついその気になってしまいます。勘違いの波にいつの間にか乗せられてしまうのは、どうしても避けたいと思ったのです。

それであえて予定通りに欧州グランプリで5戦走って、ほとぼりをさましてから日本へ戻ることにしたのです。

「獲れてしまった」銅メダル

そもそも私には、

「勝負である限り、ずっと勝ち続けたり、ずっと負け続けたりすることはない」

という勝負観のようなものがあります。

もちろん、そこには実力的にあるレベルに達しているという前提がありますが、成功の後にはどこかにワナがひそんでいて、失敗の後には飛躍のチャンスが待っている、と思うのです。

満潮の後には潮が引き始め、干潮の後には潮が満ち始めます。そういうバイオリズムが、自分という小世界の中にもあるのではないかと考えています。私の勝負観で言えば、浮いたものは必ず沈み、沈んだものは必ず浮き上がります。あたかも上がりすぎた株価が急落するように、勝ちすぎた後は必ず負けるのです。それを避けるには、冷静でいることしかありません。その勝ちの状態を地固めして、平常の状態にしなければならないのです。

それに、勝負の世界では、だれもが勝つために身を削って努力を続けているのです。同じ人間が勝ち続けられるほど甘くはありません。

当時の私にとって、銅メダルは、自分との闘いという意味では「勝ち」でした。ということは、次に待っているのは少なくとも下降線である公算が高い、ということです。舞い上がって勘違いの波に飲まれていたのでは、その公算はさらに高まるでしょう。

また、この銅メダルは、実力で獲ったものではなく、たまたま絶好調のタイミングがエドモントンで訪れ、無知で恐いもの知らずという若さの利点もうまく嚙み合い、勢いで獲れてしまったに過ぎない、ということは自分でもよくわかっていました。

このときは、運よくピーキングに成功したのです。前述のように、エドモントンの1ヶ月前、私は8日間で4レースというハードスケジュールをこなしたのですが、これが超回復のサイクルにあてはまり、世界陸上が始まったときには体調がちょうどピークを迎えていました。

初めての世界陸上で、まだ調整法が確立されていなかったのが、かえってよかったのでしょう。迷いやこだわりをいっさい持たず、ただ流れに身を任せていったら、たまたまピークが来たという感じでした。

そういう意味では、同じ銅メダルでも、エドモントンとヘルシンキでは重みが違います。

2005年ヘルシンキ世界陸上での銅メダルは、いろんな手順をわかったうえで、自分の中に蓄えた経験や知識を総動員して、「獲ろう」と思って獲ったメダルです。

スランプの理由

陸上競技では、〝出してはならない記録〟や〝獲ってはいけないメダル〟というのがあります。

さまざまな不確定要素が最高にうまく嚙み合って、本人も知らないうちに実力をはるかに超えるような結果が出てしまった、というようなケースです。

こうした場合、栄光はそのとき限りのものとなり、その後に長く続く〝低迷〟に苦しむことになります。ただ、実際には低迷ではありません。メダルや記録はたまたま出たものであり、ただアベレージに戻ったにすぎないのです。ですが、結果をそう捉えることは、本人も、そして周囲も許さないのです。

「あれはやっぱりフロックだったんだ」

「一発屋で終わるんじゃないか」

などという周囲の声も苛立《いらだ》ちを倍加させるでしょう。

私もエドモントンの銅だけで終わっていれば、おそらく今頃は「あの一発屋はいま」的な目で見られていたはずです。

エドモントンの後、私は芳《かんば》しい結果を残せませんでした。2003年パリ世界陸上、2004年アテネ五輪と、続けて準決勝で敗退しました。

自分の中では敗因は明確でした。2003年は、あらゆる面でテンションの上がらなかったスランプの年です。シーズン前に行なったアメリカでのトレーニングが裏目に出て、余分な筋肉がついてしまったことや、父親がガンを宣告されて世界陸上前に死去したことなど、いくつもの要素が絡み合っていましたが、最大の原因はモチベーションが低かったことです。

銅メダルを獲ってしまったことで、「もう自分は頂点に達してしまった」という満足感がありました。エドモントンでの数々のシーンが、美しい思い出として日に日に美化されていきました。

広島の片田舎から世界の舞台へのし上がり、日本の陸上史上に残る快挙を成し遂げたというサクセスストーリー。

それを実現したことに酔いながら、この世界ではもう自分は終わりなのだろうか、という思いが何度となく胸をよぎります。

これ以上、技術的にも肉体的にも上がり目はなく、あとはこれをどう維持していくかの闘いになるだろう、という自己分析があったため、毎日が色褪《いろあ》せていきました。「守る闘い」には意欲が湧かない性分なのです。

一方では、ちょっとした有名人になったおかげで、これまで知らなかった分野の方々と知り合う機会が多くなり、世の中には面白そうな仕事がたくさんあることを知りました。

名前を忘れられないうちに、ほかの世界で勝負するのもいいかもしれない。新しい分野でゼロからやり直して、そこでまたサクセスストーリーを紡《つむ》ぎ出す……。転身に魅力を感じ、正直、心が揺れたこともあります。

いわば2003年の私は、覚悟が定まっていない状態で走っていたのです。これではろくな結果が残せるわけはありません。

一発では終わらない一発屋

それでも結局はハードルにしがみついたのはなぜだったのか、自分でもよくわかりません。やはり、好きだったからでしょうか。あるいは、シドニー五輪での屈辱はまだ晴らしていない、という反骨精神が腹の底に残っていたからでしょうか。

見失いかけていた自分を取り戻すために、まず私がしたことは、退社でした。前年に就職したばかりの大阪ガスを辞めて、プロの陸上選手としてやれるところまでやってみよう、と決意したのです。

そうして退路を断ち、その冬に、生涯で最も過酷なトレーニングに集中したところ、本書で繰り返し書いているように「まだ自分は足が速くなる！」と気付いて、俄然、モチベーションが上がりました。

結果は正直で、明けた2004年のシーズンは、高いレベルで安定したコンディションと戦績をキープできました。しかし、上下動を抑えて前傾して走るフォームは腰への負担が大きく、5月には腰痛を発症。

ここで思い切って休めばよかったのですが、五輪をピークの状態で迎えたいという意識からシフトダウンできず、6月の日本選手権で優勝、7月の欧州グランプリで3位が3回と、頑張り続けたばかりか、練習量への不安を解消するために五輪前に合宿まで張って120%のトレーニングをしてしまったのが大失敗でした。

アテネ五輪の敗因はこれに尽きます。準決勝のスタートラインに立ったとき、私にはもう結果がわかっていたのです。

アテネははっきりと教えてくれました。それは、私がまぎれもない「一発屋」である、ということです。少なくとも、五輪や世界陸上といった大一番で結果を出したければ、一発屋に徹するべきだ、ということです。

高いレベルでアベレージを維持して目標に臨むのではなく、あえて大きな波を作り反動を利用し助走をつけて、最大限の力を狙ったレースにたたきつけなければ勝負にならないのです。

私は一発屋です。

ただし、一発では終わらない一発屋なのです。ヘルシンキで二発目の「一発」に成功し、この先も三発目、四発目を狙っています。

自分の特性を生かしたピーキングの重要性を認識できたことが、アテネでの最大の収穫でした。この収穫なくしては、ヘルシンキでの銅メダルはなかったと思います。

ヘルシンキ直前の「超回復」

２００５年のシーズンは、８月の世界陸上をにらんで、いかにしてピークをそこへ持っていくかだけを考えました。

年頭に体を最悪の状態に追い込んで、そこから徐々にコンディションを上げていき、4月下旬からは国内のレースに可能な限り出場しました。日本グランプリシリーズ、日本選手権が終わると、６月末から欧州へ。７ヶ所を転戦して、ヘルシンキに入ったのは、世界陸上の９日前です。

欧州での戦績は振るいませんでしたが、これは気になりませんでした。負けていい勝負だったからです。ヘルシンキで勝つためには、勝ってはいけない勝負でした。

それよりも、不安を覚えたのは、本番４日前の総仕上げとして８台目（２９０ｍ）までのハードルを試走したときです。試走のタイムは33秒90で、これを４００ｍに換算すると48秒70くらい。よくて準決勝敗退レベルになります。エドモントン世界陸上の４日前に試走でマークした33秒10と比較するまでもありません。

自分はまたピーキングに失敗したのだろうか。アテネを教訓にして、考え、工夫した1年間の調整法は間違っていたのだろうか。

取り返しのつかないことをしてしまったのではないか、という焦燥感に襲われました。ところが、人間の体というのは本当にわからないものです。試走の翌朝、起きたときに「あれ？」と思いました。やけにすっきりした感じがあり、昨日までとは違う体になっているようです。腕や足を回してみると、まったく引っ掛かりがなく、関節が非常に動かしやすいことがわかりました。

歩いていても、骨盤がいい角度にきちんとはまっている感触があります。コンディションが悪いときは、体の左サイドがやや前に出ていて、体をグキッと捻って元に戻したいような違和感があるのですが、それがまったくありません。

これなら、走ったときに左腰が逃げる悪い癖も出ないはずです。思わず走り出したくなりました。それをじっと我慢して、ただの1mも走りませんでした。

バネを溜め込みたかったのです。弓を引き絞れるだけ引き絞って、矢を解き放ちたかった。

3日後、8月6日の予選は抑えました。7日の準決勝は、ややエンジンをかけて、8番目、つまり最後の枠を手にして、決勝にコマを進めました。

そしてまさにピークの状態で迎えたのが、9日の決勝だったのです。

バックストレートの〝神風〟

それでも、実力的に考えて、メダルを獲れる可能性は1％程度しかないだろう、と思っていました。

それが、

「これはひょっとすると……」

という〝妄想テンション〟にまで高まったのは、決勝のレース直前に突然、雷と強風を伴った豪雨があったからです。

気象条件が悪くなり、環境が悪化すればするほど、自分にチャンスが出てくる、と思いました。決勝のメンバーには若くてキャリアが浅い選手が目立ち、悪条件下での精神力と対応力で自分より優れていると思われる相手は見当たりません。

「荒れろ、荒れろ。もっと荒れろ」

私はそう祈りながら、地下の練習スペースで、タオルを顔にかけて表情を隠し、横になってじっとしていました。

他の選手たちは見るからに動揺していました。アップを始めたりやめたりしては、レースをやるのかやらないのか、やるならあとどのくらい待つのか、気をもみ、苛立ちを強めていく様子です。

世界陸上3連覇がかかっていたサンチェスなどは、明らかに走りたくなさそうでした。

そんななかでただ一人、悠然と体を横たえている日本人の姿は、キャリアの浅い選手たちには不気味に映り、プレッシャーになったのではないでしょうか。

その状態で約40分間待たされて長い消耗戦を闘った後、私たち8人は、ようやく招集の合図を受けて、グラウンドに入りました。そこで、「厳しいだろう」という私の思いは、

「メダルが獲れるかもしれない」

という思いに変わっていきました。

雷こそ止んだものの、依然として強い風が舞い、雨は激しく降っていて、トラックには水が浮いています。だれだってこんな状況で走りたいわけがありません。他の選手はさぞかしイヤな気分になっていることでしょう。

そこに私のチャンスがあるのです。モチベーションが低く、状況が悪い時の最善の作戦は後半型です。前述した通り、彼らアフロ・アメリカンの骨盤の角度では、前半で飛ばし過ぎると、こういった悪条件下では体力を使いすぎて、最後の直線でのハードルを越えられない可能性もあるのです。そして、そんな後半型の戦術を選んだ選手が一番やられたくないのは、前半に不意に引き離されてしまう超前半型のレース。私はそれをやろうと決意しました。キャリアを積んで風への対策も万全。悪条件をしのぎ切る根性勝負は望むところです。

そのうえ〝神風〟も吹いていました。バックストレートに強い追い風があったのです。前半を飛ばしてリードの貯金を稼ぐ私にとって、3〜5台目の地点で背中を押してくれるこの風は、実に心強い味方でした。

涙のウイニングラン

7レーンからスタート。1台目を跳び越えたところで、サンチェスが右足を押さえながら倒れ込み、そのままレースを中止します。私の〝メダル確率〟は高まりました。

2台目を越え、バックストレートに入って、背中の追い風を確認しながら、5台目までをトップスピードで飛ばしました。もちろん私の前にはだれもいません。このゾーンで1cmでも多くリードを稼ぐことだけを考えました。

第3コーナーを回って、逆足で6台目を跳び、また右足に戻して7台目を踏み切り、第4コーナーの8台目を越えた後、金メダル候補のバーション・ジャクソン（米国）に抜かれました。

ここからが、地獄のラスト100m。根性の領域に入ったところで、ジェームズ・カーター（米国）に抜かれ、さらにカーロン・クレメント（米国）が肉薄してきました。私のアゴはだいぶ上がり、失速して直線入り口の9台目を跳んだときはクレメントに並ばれました。

4位か、そう思いました。3位と4位では、天国と地獄です。失速型の自分が、9台

ヘルシンキで二度目の銅メダルを獲得。

目以降に逆転する目はほとんどないことはわかっていました。

しかし、もう無意識の状態が始まっていて、何を考える余裕もなく、ただ反射的に体に残ったわずかのエネルギーを振り絞って、最後のハードルを越えました。

そして直線の40mをもがき、ぼんやりと見えたゴールラインに向かって頭から突っ込み、勢い余って転倒しました。余力ゼロのフィニッシュをしてやろうと、前々から考えていた〝ダイビング・フィニッシュ〟です。

四つんばいになったままで電光掲示板に目をやり、4位のところを探しました。タイムが知りたかったのです。

ところが、意外なことに、ジャクソン、カーターに続いて、3位のところに私の名が挙がったではありませんか。

「DAI TAMESUE」

信じられずに二度見しました。一度は追い抜かれたはずのクレメントを、私は逆転していたのです。エドモントンのときと同じように、またもや根性の領域で起きた奇跡でした。

「俺たちの夢を託したぞ！」

レース前に聞いた山崎一彦日本陸上競技連盟強化委員会ハードル部長の声を思い出しました。

さまざまな思いが脳裏をかすめていきました。

本気で狙う金メダル

ヘルシンキで獲った2個目の銅メダルは、前述のように、格別の意味がありました。

そして、そこへと至るプロセスで得たものも大きいことは言うまでもありません。

とりわけ、自分に適したピーキングの方法をつかんだことは、一発屋の自分にとってかけがえのない財産でしょう。虚栄心を捨て、負けていい勝負を負けられるようになったのは、プロの陸上選手として大きな成長だと思います。

また、ヘルシンキから得た課題が、新しいモチベーションとうまく結びついたことも幸運でした。

8台目からゴールまでの間に、私は優勝したジャクソンに0・8秒も離されました。これは小学生の運動会並みの絶対的なスピード差です。

「世界一と比べていかにフラットのスピードで劣っているか」という課題が、数年前からの「まだ自分の足は速くなる」という思いに火をつけて、それが直後からのハードル封印に結びつき、本気で金メダルを狙う心境へとつながってきたのです。

子供の頃から夢だった金メダル。

それが本当に手に入るかもしれない、という「妄想」が、いま私の血を騒がせています。

第七章　もっと陸上を！

ビル清掃マンからベンツ生活へ

２００２年春、法政大学を卒業した私は、大阪ガスへ入社しました。
配属先は人事部で、その仕事を午前中だけして、午後はハードル選手としての練習に打ち込んでいれば、約20万円の月給がいただけるサラリーマンになったのです。五輪を目指すようなアスリートが活動していくための、日本で最もポピュラーな形と言っていいでしょう。

定収入を得ながら、トレーニングや試合に打ち込める。しかも、引退後は、社員としての第二の人生も保証されている。

悪い話ではありません。しかし、その恵まれた環境での毎日が、私には次第に疑問に思えてきました。

欧州グランプリで対戦するトップアスリートたちは、レースで稼ぐ賞金だけで生活しています。夏の間に集中的に行なわれるレースで1年分の収入を得る彼らは、パフォーマンスの結果によって直接、年収が左右される、文字通りのプロフェッショナルです。レースだけでは生活できず、アルバイトをしている選手もいます。米国のある選手は、ビル清掃のアルバイトで食いつなぎながら五輪出場を果たして、見事に金メダルを勝ち取りました。五輪後、彼はバイトを辞めて、ベンツを乗り回す優雅な生活を手に入れました。

そんな彼らに、勝っても負けても生活が保障されているサラリーマン選手の私が、果たして勝てるでしょうか。

覚悟というのは重要だと私は思います。何を犠牲にしてどこまで自分を賭けているか、その差が、いざという勝負の場で、1000分の1秒の違い、1cmの違いになって表れてくるのだと思うのです。

プロである彼らに勝つためには、まず同じ土俵に上がらなければ話にならない——。

そう考えて私は、サラリーマンアスリートを辞めて、プロの陸上選手になることを決めました。入社2年目の秋です。

例によって周囲からは猛反対されましたが、大きな成果を得るために高いリスクを背負わなければならないことは明白だと考えました。

メダリストになると待遇が違う

IAAF（国際陸上競技連盟）が主催するワールドグランプリシリーズは、ゴールデンリーグ、スーパーグランプリ、グランプリ、グランプリツーという4つのグレードから成る、年間40〜50試合のツアーです。

最高峰のゴールデンリーグは年間6試合。オスロ（ノルウェー）、サンドニ（フランス）、ローマ（イタリア）、チューリッヒ（スイス）、ブリュッセル（ベルギー）、ベルリン（ドイツ）で行なわれます。

これに出場するためには、スーパーグランプリ以下のレースでいい成績を積み上げて、獲得ポイント上位にランクインしていなければなりません。トップレベルの選手たちはだいたい、スーパーグランプリとグランプリのレースを組み合わせて転戦し、ゴールデンリーグへの出場を狙うことになります。

欧米諸国の選手だと、トップ8程度の活躍をしていれば、このグランプリの賞金だけで生活が成り立ちます。物価の安いアジアやアフリカ、南米諸国の選手なら、もっと下のランクでも生活ができるようです。

私のこれまでの最高ランクは5位。平均すると10位前後といったところなので、この賞金だけでやっていくのはギリギリ微妙なラインです。

このグランプリに私は2000年のシーズンから参戦しているのですが、2001年に面白い経験をしました。6月末から7月初めにかけて4戦した後、エドモントンの世界陸上をはさみ、再び2戦したときのことです。

エドモントンで銅メダリストになったら、ガラリと待遇が変わったのです。エドモントン前は、宿も飛行機も自分で手配していたのに、メダリストになった途端、ビジネスクラスの航空券を手渡され、空港からはリムジンの送迎付き！　そのうえ、試合に出るだけで3000ユーロ（約47万円）の出場費まで支給されるというではありませんか。

この出場費にもランクがあって、銀メダリストは5000ユーロ、金メダリストだと7000ユーロと聞きました。

このわかりやすさは翌年も、今度は裏返しの形で突きつけられました。シーズン前半の数戦でいい結果を残せなかったところ、エントリーしてもはじかれてしまい、試合に出られなくなったのです。

前年のメダリストといえども、年が変われば特別待遇などいっさいありませんでした。まさに弱肉強食、実力勝負。結果がすべての単純明快な図式は、私の闘争本能を掻《か》き立てる魅力があり、こうした経験も、退社を決断するにあたって大きな材料のひとつになりました。

二人の支援者との出会い

幸運な出会いに恵まれなければ、プロ陸上選手としての私の生活は、厳しいものになっていたはずです。

まず、現在マネジメントを依頼している事務所「サニーサイドアップ」の次原《つぎはら》悦子社長との出会いがありました。中田英寿さんや北島康介選手などのマネジメントもしているこの事務所を紹介してくださったのは、朝原宣治選手の奥様です。奥様の旧姓奥野史子さんはかつてのシンクロナイズドスイミング銅メダリストで、次原社長と親しかったのです。

最初に次原社長にお会いしてお話ししたときは、

「正直言って、スポンサーを見つけるのは難しいかもしれない」

と言われました。というのも、いくら必要なのかと聞かれた私が、月20万円の生活費を想定して「(年間)240万円くらいです」と答えたところ、社長は月額240万円と勘違いしたからだ、と後でわかりました。

マイナー種目とはいえ、メダリストの要求額が「年間240万円」だとは、まさか社長も思わなかったのでしょう。

ともあれ、その誤解が解けて、2003年秋から、広報・PR業務を主としたマネジメントを手がけていただくようになりましたが、サッカーの中田さん、水泳の北島選手といった、日本を代表するメジャーなアスリートとは違って、本当はビジネスとしてはキツイところを、社長の〝女気〟で面倒見ていただいているのかもしれません。

もうお一人、アジアパートナーシップファンド（ＡＰＦ）の此下《このした》益司会長とは、大阪ガス退社直後にトレーニングのために訪れたタイで出会いました。

会長は元テニスプレイヤーで、安定した生活設計が難しいアスリートのために、ファンドに投資した資金を毎月の分配として受け取れる年金方式の運用を考案するなど、スポーツに貢献できるビジネスモデルに取り組んでおられる方です。

投資のことにも興味があった私が根掘り葉掘り初歩的な質問をぶつけると、

「そんなことを聞いてきたアスリートは君が初めてだ。面白いヤツだな」

と懇意にしてくださるようになり、翌春から、私をスポンサーしてくれています。私はＡＰＦの所属選手で、一定の年俸と、成績に応じた報奨金をいただける契約です。

グランプリでの賞金に加えて、ＡＰＦとサニーサイドアップのバックアップがあるからこそ、私のプロ生活は成り立っています。

なにしろ、日本では、五輪でメダルを獲ったとしても、数年も経てばすっかりただの人、経済的な保障などほとんどありません。

私が世界陸上で銅メダルを獲ったとき、日本陸連から出たご褒美は１００万円でした。

経済的対価と社会的評価

日本ではまだ、アマチュアリズムの理想とプロとしての実態の問題が整理されていないために、アスリートの努力が経済的な成功という形に結実することがないのです。

何年間も血のにじむような鍛錬をして銅メダルを獲っても、１００万円。損得で言えば、こんなに割りの合わない「夢」はないでしょう。

私が恐れるのは、こうした現状では、若い才能が集まってくるはずがない、ということです。経済的に十分な対価があるか、あるいは、出した結果に見合う社会的な評価がなければ、人はそれを選びません。

ヨーロッパの場合は、金銭的にどうこうというよりも、優れたアスリートには人々が心からの敬意を払う、という社会背景があります。たとえばボートの選手で10年に一人、という天才が出現すれば、みんなが彼に注目して、才能と努力に見合うだけの喝采を送ります。

スポーツを見る目が肥えていて、分野がメジャーであれマイナーであれ、正当な社会的評価が下されるので、アスリートとしてはプライドを持ってその競技に打ち込むことができるわけです。

残念ながら日本には、そうした環境もありません。社会の評価基準は「どれだけ稼いでいるか」と「どれだけマスコミに露出しているか」の二つしかなくて、これを満たす分野にのみ才能が集中するきらいがあると思うのです。

今で言うと、野球かサッカー。スポーツが得意な子供がまず目指すのは、このどちらかであるケースが圧倒的ではないでしょうか。

この構造を根本的に何とかしたい、と私は思います。もっと陸上選手が豊かな環境で活動できるようにしたい。日本人がもっといろいろなスポーツの魅力を知り、いろいろなスポーツで活躍するようになってほしい。

そう考えています。

そして、そうなったときに必要になってくるのが、〝日本人の足を速くするプロジェクト〟なのです。

いや、後先は逆でもいいのです。日本人の足が速くなれば、陸上界はもちろん、すべてのスポーツがワンランク上のステージへ前進するのですから。

「陸上」の新しいネーミングを

とりあえず今の私にできることは、プロの名にふさわしいパフォーマンスを見せて、陸上競技の魅力を一人でも多くの人に知っていただくこと。それと、アスリートと一般の方々の間に立って、スポークスマンの役目を果たせたら、と思います。

私がマスコミの取材には可能な限りの対応をさせていただいたり、本を書かせてもらったりして、少しでもわかりやすく陸上を言葉で表現しようと試みているのは、そうした思いに基づいています。

「見せる」ということについて考えた場合、陸上競技の一番の弱点は、その凄さや面白さが伝わりにくい、ということではないでしょうか。

陸上競技は、どの種目でも、スタートラインに立ったときにはすでに、あらかた勝敗が決しています。そのときを迎えるまでに、何を考えて、どんなトレーニングを積んできたかというプログラミングの勝負だからです。

1000分の1秒や1㎝の争いの裏にある、そうした本当の勝負がわからないと、面白さは半減するでしょうし、各選手の織り成すドラマも見えてきません。

一方では、競技の行われ方にも問題があります。競技場のあちこちでいろいろな種目が同時進行しているので、観客の目が集中しない、という弱さがあるのです。

これは主催者側の問題になるのであまりどうこう言えませんが、私が提案するとしたら、もっと演出に工夫を凝らすべくアイデアを練ると思います。

たとえば、陸上の華、100m決勝のときには、ほかのすべての競技を中断するのはもちろん、競技場を真っ暗にして、出場選手一人ずつにスポットライトを当てて紹介します。格闘技大会の入場シーンのように、選手ごとにテーマミュージックを流したっていいかもしれません。

アマチュアリズムの堅い既成概念をきれいに捨てて、いかにしてショーアップするかということに、もっと力を注いでいいように思うのです。

さらに言えば、「陸上」というネーミングのままでいいのでしょうか。「陸上競技」

は英語では、「トラック・アンド・フィールド」ですが、これをそのまま用いないまでも、何か今風のアレンジを加えた新しい呼称を決める、ということだって、うまくイベント化すれば案外面白いかもしれません。

いかにして見せるかという意識は、いかにして多くのお客さんを集めるかという意識とつながっているはずです。

陸上界がそこの部分の意識改革を徹底的に行なって、各種目のパフォーマンスの迫力がきちんと伝わっていかないことには、陸上の未来は暗いでしょう。陸上の競技人口は現在、10年前のざっと半分くらいになってしまっています。

欧州の名物競技場

陸上競技がスターテスを持っているヨーロッパでは、競技場にもそれぞれの趣向が凝らしてあって、転戦していても飽きることがありません。

スイスのローザンヌの競技場は、陸上競技に特化していて、独特の作りになっています。最大の特徴は、トラックと観客席の距離が接近していることで、走っている選手に手が届くくらいの至近距離で観戦できるのです。

そして、その観客席は上のほうにいくと、トラックが真下に見えるようになっており、他の競技場では見られない角度から競技を楽しめる工夫がなされています。

最も多くの賞金が出ることで有名なのは、毎年7月頃、イギリスのロンドン郊外、ノーリッジの競技場で行なわれる試合です。運営の詳細は知りませんが、テレビ局の放映権料や広告収入などで巨額の運営費を捻出しているのだと思われます。

２００5年ヘルシンキ世界陸上の約３週間前、女子棒高跳びのエレーナ・イシンバエワ（ロシア）は、この競技場で5m00の世界新記録を出しました。

前年のアテネ五輪で4m91の世界新を出し金メダリストになっていた彼女は、この年、記録更新を確実視されていて、練習では5m10を跳んだと言われていました。問題は、いつ、どこでワールドレコードを出すか、です。水面下では、各大会の主催者が世界新を巡って賞金を積み上げ、ノーリッジが日本円にして約５００万円のワールドレコードへの報奨金を用意した、というウワサも流れるなか、実際に彼女が世界新記録樹立の場として選んだのがノーリッジだったのです。

そして、イシンバエワは、その3週間後、世界陸上で、これを1㎝だけ上回る5m01の世界新で優勝しました。まだまだこの先も、彼女は何度かにわたって、世界新を少しずつ更新していくはずです。

ちなみに、男子棒高跳びで〝鳥人〟と呼ばれたセルゲイ・ブブカ（ウクライナ）は、いまもなお破られていない6m14（94年・セストリエレ）の世界記録保持者ですが、彼は35回も世界新を更新しています。

プロ陸上選手の恍惚と憂鬱

陸上競技のアスリートにはおそらく、野球やサッカーといったチームプレイヤーとはまた少し違う苦しみや楽しみがあるのではないかと思います。

チームの勝利という大目的がある競技と違って、陸上競技では、最終的には自分との闘いに集約されてきます。いかにして過去の自分を越えていくか、つまり自己ベスト記録を塗り替えていくか。そこに陸上選手の苦しみと楽しみがあります。

プロ野球の選手なら、まずチームの優勝という大目的があり、そのために果たすべき自分の役割があります。その中で各選手は、打率3割とか、先発で10勝とか、おのおのの持ち場での目標を立てて、シーズンに臨むことでしょう。

3割を期待される選手は、毎年3割打てればいいはずです。コンスタントに10勝できれば、チームの功労者として順調に年俸がアップしていくに違いありません。

しかし、陸上選手はそうはいきません。3割打ったら、次は3割1分、その次は3割2分を求められます。100mを9秒99で走った選手が、毎回9秒99で走り続けることで観客が満足してくれればいいのですが、やはり9秒98、9秒97を期待するのが人間の心理です。

また、仮に周囲が満足してくれたとしても、選手本人が満足できないのです。現状維持では昨日の自分を越えたことにならず、極言すれば、同じ記録しか出なくなったのなら続けている意味がありません。

陸上選手のプロとして生きていくことの難しさは、そこにあるのだと思います。いいパフォーマンスをすればするほど自分の首を絞めていく結果になり、活躍できる期間が短くなってしまいます。

収入を得る手段として必要な「技術の安定」は、優れたアスリートであればあるほど、否定すべきシロモノなのです。

目指すは「論理的なエンターテイナー」

プロフェッショナルとは何なのか。

プロの陸上選手とはどうあるべきなのか。

サラリーマンを辞めたとき、じっくり考えてみました。そして気付いたのは、日本のプロスポーツ選手には、エンターテイナー型とマイスター（職人）型があるということです。新庄剛志さんのように「人々を楽しませる」のもプロだし、イチロー選手のように「一心不乱に技術を極める」のもプロです。

また、もう一つの座標軸として、感性的と論理的、という視点もあるでしょう。長嶋茂雄さんが前者の代表なら、野村克也さんが後者の代表、という具合です。

これを整理すると、図のようになります。上半分はエンターテイナーの領域で、下半分はマイスター（職人）。右半分が感性的で、左半分が論理的です。つまり、右上のエ

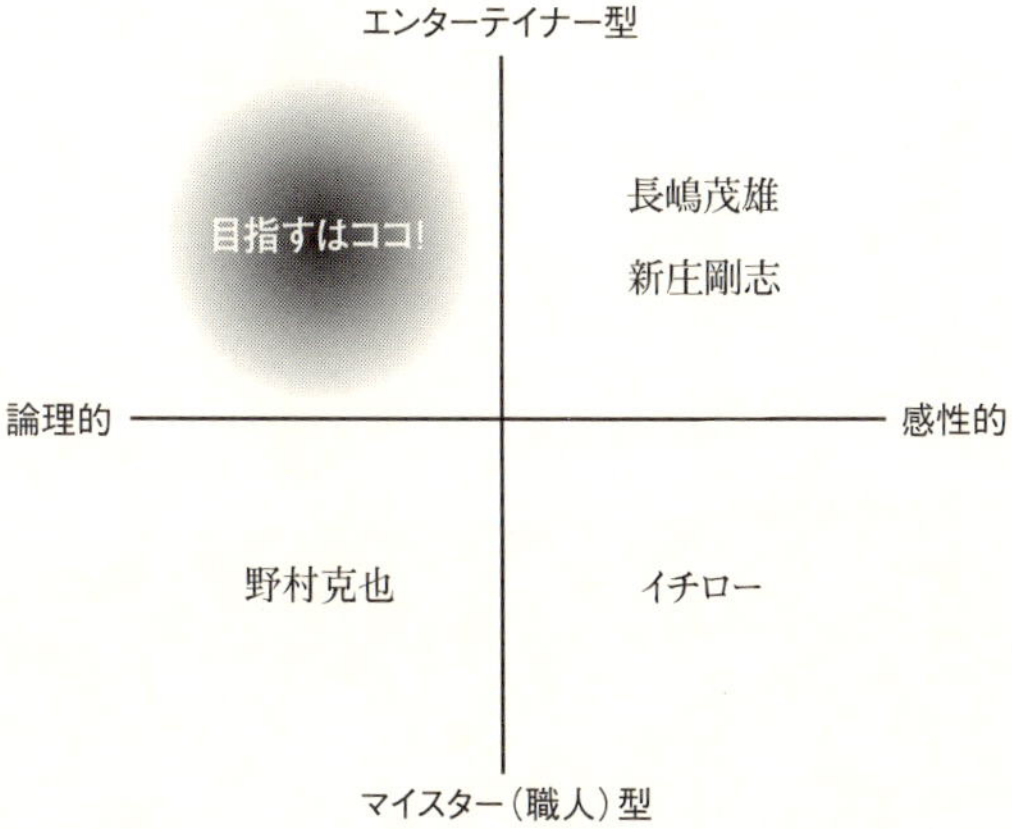

リアは感性的なエンターテイナーで、左下なら論理的な職人タイプということになります。

傾向としては、エンターテイナー型と感性的、マイスター型と論理的、この組み合わせになるケースが多いと思いますが、なかにはマイスター型で感性的という人もいて、このエリアに入る人が「天才」と呼ばれるのかもしれません。

そして、日本で一番ウケがいいのは、感性的なエンターテイナーではないかと思います。

さて、この図を眺めながら、自分はどこのエリアで勝負していったらいいのか、私は考えました。私は天才ではないので、まず「感性的なマイスター」はあり得ません。生来の性質からいって、「感性的なエンターテイナー」というのにも無理があります。では、「論理的なマイスター」は？　このエリアには絶対的な実績が要求されます。陸上選手なら五輪で金メダルでも獲らない限り、ここには分類されないはずです。

となると、残っているのは「論理的なエンターテイナー」。考えてみれば、まだそれほど数がいない穴場です。陸上を世の中に〝通訳〟したい、という私の思いともよくマッチします。

そう考えて、以来、エンターテインメント性と論理性を意識してきました。

ふだんは世界で5〜6番でも、いざというときに瞬間的に世界で3番目になれる一発屋の意外性は、エンターテインメント的要素を持っています。

マスコミに登場してちょっと変わった理屈を言うのは、エンターテインメント性と論理性の両方を考えてのことです。


大阪で、北京で「金」を！

昨年秋、杉並区の和田小学校へ〝夢の陸上キャラバン隊〟を送り込みました。私がナビゲーター役を務め、１００mの朝原宣治選手、棒高跳びの澤野大地選手、女子走り幅跳びとハードルの池田久美子選手ら、合計7名のトップアスリートが、小学校の校庭でパフォーマンスを見せ、小学生に陸上の面白さや凄さをアピールしようという企画です。

子供たちは素直に驚き、喜んでくれました。今後も続けていこうと思います。それで陸上競技の底辺が広がるなら言うことありませんし、陸上でなくても子供たちが何か夢を持ち、自分も何か面白いこと、凄いことをやってみよう、という気になってくれれば、それだけでも十分に価値があるでしょう。

いまの子供たちには夢がない、という話をよく聞きます。小中学生に「将来なりたい職業」をアンケートすると「会社員」が1位になるというのです。もちろん会社員が悪いというわけでは全然ありませんが、昔は、パイロットやお医者さん、プロ野球選手など、子供らしい理想や希望がありました。

夢を与えるには、本物を生で見せるのが一番だと思います。人間は、一生懸命何かに打ち込むとこんなに凄いことができるようになる、という実例は、何よりも雄弁です。

私自身、今でもいろいろな凄い人を見て、いろいろな夢を抱かされます。ハードルで昨日の自分を越えられなくなったら、挑戦してみたいことは山のようにあります。

けれどもやはり、「体を自在にコントロールできるように工夫していく」という、陸上競技で味わった面白さを超えるものとは、たぶん巡り合うことはないでしょう。

私の夢は、日本人の足を速くすることです。そして、日本の陸上界を変え、日本のスポーツシーンを大きく動かすことができたら、こんな幸せはありません。

アジアを拠点とした陸上チームを作り、そこで選手を養成して金メダリストを送り出したい、という青写真も描いています。あるいは、陸上界のスポークスマンとして、世の中にその醍醐味を伝えていく活動は、自分が生きていく中で一つの核にしていたいという希望もあります。

それらのためには、私自身の存在を、いまはしっかりとアピールしておかなければなりません。

今はメダルのことだけを考えています。大阪で、そして北京で、これまでに手にした2個のメダルとは違う色のメダルをどうしても獲りたい、それだけを考えています。

本文中写真：Getty Images/AFLO（p.153）、
Jun Tsukida/AFLO SPORT（p.168）、
新潮社写真部（p.25、p.42、p.54、p.57）

為末 大　1978（昭和53）年広島県
生まれ。プロ陸上選手。APF所属。
法政大学卒。短距離で活躍した後、
大学から400mハードルに専念。
2001年と2005年の世界選手権では
銅メダルを獲得した。
http://www.tamesue.jp

Ⓢ新潮新書

213

日本人《にほんじん》の足《あし》を速《はや》くする

著者　為末《ためすえ》　大《だい》

2007年5月20日　発行

発行者　佐藤隆信

発行所　株式会社新潮社

〒162-8711　東京都新宿区矢来町71番地
編集部(03)3266-5430　読者係(03)3266-5111
http://www.shinchosha.co.jp

印刷所　株式会社光邦

製本所　株式会社植木製本所

ISBN978-4-10-610213-4 C0275

価格はカバーに表示してあります。